掌尚文化

Culture is Future

尚文化·掌天下

贵州省学习贯彻习近平总书记系列重要讲话精神丛书

创建贵州民族团结进步繁荣发展示范区研究

罗剑 曾亮 才海峰 等/著

图书在版编目（CIP）数据

创建贵州民族团结进步繁荣发展示范区研究/罗剑等著. —北京：经济管理出版社，2020.12
ISBN 978-7-5096-7505-2

Ⅰ.①创…　Ⅱ.①罗…　Ⅲ.①民族团结—研究—贵州　Ⅳ.①D633

中国版本图书馆 CIP 数据核字（2020）第 245481 号

组稿编辑：宋　娜
责任编辑：宋　娜　张鹤溶　谢　妙
责任印制：黄章平
责任校对：陈晓霞

出版发行：经济管理出版社
（北京市海淀区北蜂窝 8 号中雅大厦 A 座 11 层　100038）
网　　址：www.E-mp.com.cn
电　　话：（010）51915602
印　　刷：唐山昊达印刷有限公司
经　　销：新华书店
开　　本：720mm×1000mm /16
印　　张：15.25
字　　数：203 千字
版　　次：2021 年 6 月第 1 版　　2021 年 6 月第 1 次印刷
书　　号：ISBN 978-7-5096-7505-2
定　　价：98.00 元

丛书编委会

课题组

组　长　罗　剑

成　员　曾　亮　才海峰　邓小海

李文钢　符广兴　王　燕

目 录

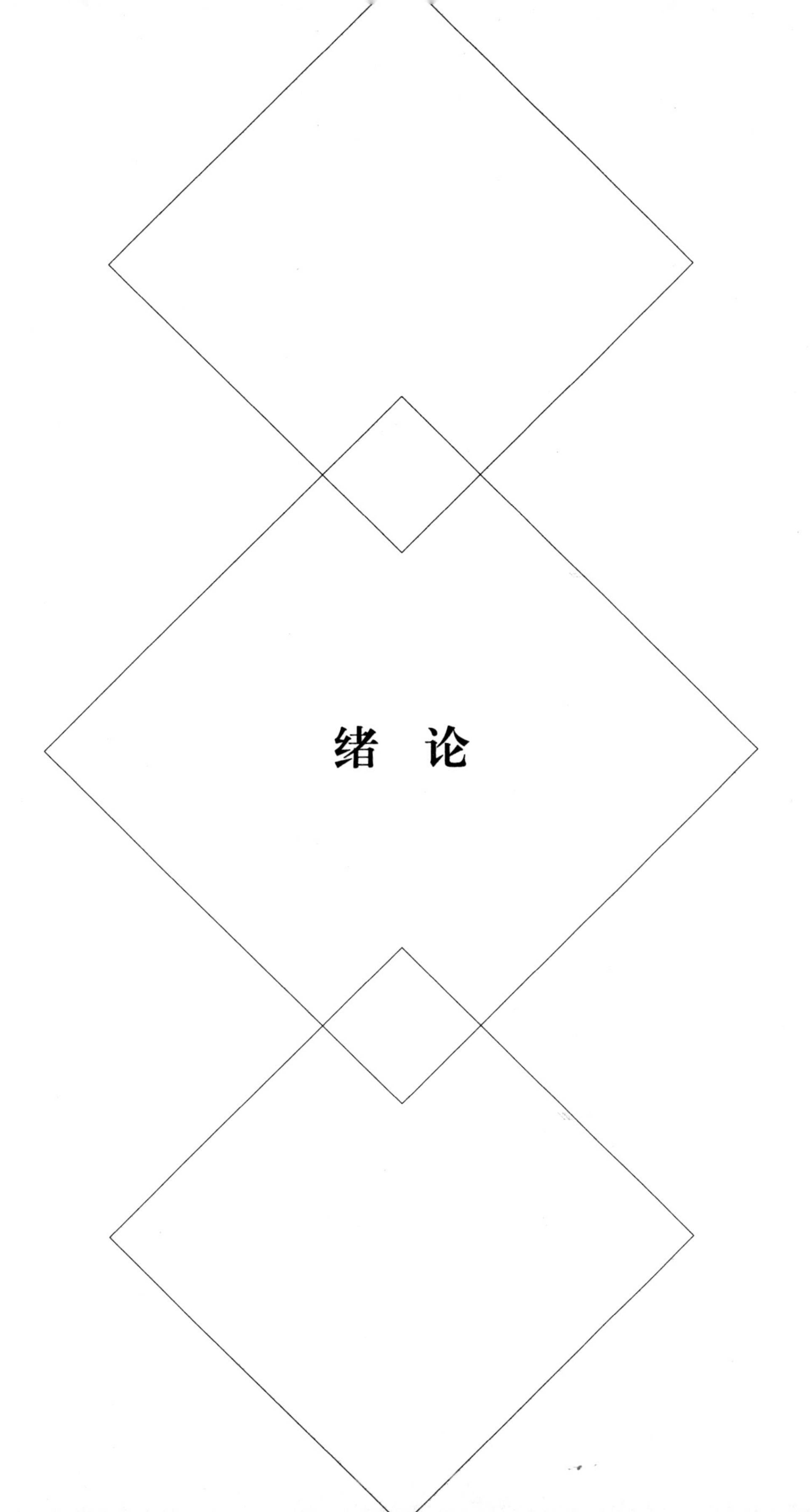

绪 论

全面深入持久开展民族团结进步创建工作，是推进民族团结进步事业发展的必然要求，也是实现中华民族伟大复兴中国梦的必然要求。按照党中央、国务院深入开展民族团结进步创建活动的重大战略部署，2012年国务院出台了《关于进一步促进贵州经济社会又好又快发展的若干意见》（国发〔2012〕2号文件），确定了贵州省经济社会发展的五个国家战略定位，将建设民族团结进步繁荣发展示范区作为五大战略之一，提出了认真落实民族政策，支持民族地区加快发展，巩固和发展平等、团结、互助、和谐的社会主义民族关系，促进各民族交往交流交融，实现经济跨越发展和社会和谐进步的建设目标。贵州作为一个多民族的省份，创建民族团结进步繁荣发展示范区是党中央、国务院高瞻远瞩，从全局和战略高度的谋篇布局，体现了中央对贵州的高度重视。它既是贵州加快发展的重大历史机遇，也是探索中国特色、贵州特点民族工作道路的重大任务。贵州省委、省政府高度重视民族团结进步创建工作，把建设民族团结进步繁荣发展示范区作为重大政治任务，牢牢把握民族团结进步繁荣发展示范区建设的正确方向，深刻领会民族团结进步繁荣发展示范区建设的丰富内涵和时代主题，研究出台了《关于建设民族团结进步繁荣发展示范区的意见》和《贵州省促进民族团结进步条例》，以高度的政治责任感和历史使命感，推进贵州民族团结进步创建活动，探索创建示范区的路径和模式，努力在推动民族地区后发赶超上作示范、在改善民族地区民生问题上作示范、在推动民族文化大发展大繁荣上作示范、在推动民族地区经济社会协调发展上作示范、在执行民族政策上作示范，民族团结进步繁荣发展示范区建设取得了显著成效。

一、建设民族团结进步繁荣发展示范区的根本遵循

民族团结是马克思主义处理民族问题的一个根本原则，是我们党的民族理论和民族政策最基本的内容之一，是各族人民的生命线。民族团结进步事业是建设中国特色社会主义伟大事业的重要组成部分。发展民族团结进步事业，就是要在巩固和发展社会主义民族关系的基础上，各族人民和睦相处、和衷共济、和谐发展，促进社会主义祖国的繁荣昌盛，维护社会主义祖国的统一安全，同心同德为建设中国特色社会主义、实现中华民族的伟大复兴而奋斗。发展民族团结进步事业，体现了我国社会主义制度的优越性，反映了全国各族人民的共同意志，符合全国各族人民的根本利益。不断推进民族团结进步事业，是我们党“立党为公、执政为民”的根本要求，也是我国各族人民的光荣职责。

早在革命战争时期，毛泽东同志就深刻指出：“帝国主义过去敢于欺负中国的原因之一，是中国各民族不团结。”① 因此，“只有经过全阶级全民族的大团结，才能战胜敌人，完成民族和民主革命的任务”。在社会主义建设时期，毛泽东同志进一步指出：“国家的统一，人民的团结，国内各民族的团结，这是我们的事业必定要胜利的基本保证。”② 并发出了“中华人民共和国各民族团结起来”③ 的伟大号召。针对我国民族关系的历史和现状，毛泽东同志突出强调：“汉族和少数

---

① 毛泽东. 给西北各族人民抗美援朝代表会议的复电［A］. 毛泽东. 毛泽东文集（第六卷）［C］. 北京：人民出版社，1999：211.

② 毛泽东. 关于正确处理人民内部矛盾的问题［A］. 毛泽东. 毛泽东文集（第七卷）［C］. 北京：人民出版社，1999：204.

③ 毛泽东. 为赴少数民族地区访问的中央访问团所作题词（1950年）［A］.《当代中国》丛书编辑部. 当代中国的民族工作（上卷）［C］. 北京：当代中国出版社，1993：67.

民族的关系一定要搞好。这个问题的关键是克服大汉族主义。在存在有地方民族主义的少数民族中间，则应当同时克服地方民族主义。”① 同时又指出，两种民族主义“是应当克服的一种人民内部矛盾”，从而明确了两种民族主义的性质。此外，他还强调党是民族团结的核心力量，“只有经过共产党的团结，才能达到全阶级和全民族的团结”②。毛泽东同志十分突出地把民族团结作为各民族必须共同遵守的一条普遍原则。他在《关于正确处理人民内部矛盾的问题》中论及言论行为的是非标准时，第一条就是“有利于团结全国各族人民，而不是分裂人民”。

党的十八大以来，习近平总书记反复强调民族团结的重要性。2013 年 10 月，中央民族大学附属中学迎来 100 周年校庆前夕，习近平总书记在给全校学生的回信中指出：“我国是统一的多民族国家。我国各族人民同呼吸、共命运、心连心的奋斗历程是中华民族强大凝聚力和非凡创造力的重要源泉”。2014 年 1 月，习近平总书记在内蒙古考察时指出：“要始终高举民族团结旗帜，坚持和发扬各民族心连心、手拉手的好传统，深入开展民族团结进步宣传教育，精心做好民族工作”。2014 年 5 月，在第二次中央新疆工作座谈会上，习近平总书记指出，“民族团结是各族人民的生命线……各民族要相互了解、相互尊重、相互包容、相互欣赏、相互学习、相互帮助，像石榴籽那样紧紧抱在一起”。2014 年 9 月，在中央民族工作会议上，习近平总书记强调：“做好民族工作，最关键的是搞好民族团结，最管用的是争取人心。我们要高举各民族大团结的旗帜，坚持绵绵用力、久久为功，把加强民族团结作为战略性、基础性、长远性工作来抓”。“各族干部群

---

① 毛泽东. 关于正确处理人民内部矛盾的问题［A］. 毛泽东. 毛泽东文集（第七卷）［C］. 北京：人民出版社，1999：227.

② 毛泽东. 为争取千百万群众进入抗日民族统一战线而斗争［A］. 毛泽东. 毛泽东选集（第一卷）［C］. 北京：人民出版社，1991：269.

众都要像爱护自己的眼睛一样爱护民族团结、像珍视自己的生命一样珍视民族团结，坚决反对一切不利于民族团结的言行”。“抓民族团结，载体和方式十分重要……要改变单一的‘大水漫灌式’宣传教育方式，针对不同对象和受众特点多做‘滴灌’，精耕细作，润物无声。要充分运用新技术、新媒体、多渠道、全方位开展宣传教育和创建活动。要创建一大批能起示范作用的社区、乡村、单位、学校、连队等”。不仅进一步强调了民族团结的重要性，而且对做好民族团结工作提出了新要求。2015 年 6 月，习近平总书记在贵州省考察工作时指出：贵州已经进入后发赶超、加快全面小康建设的重要阶段。希望贵州的同志再接再厉，全面贯彻党的十八大和十八届三中、四中全会精神，以邓小平理论、“三个代表”重要思想、科学发展观为指导，协调推进“四个全面”战略布局，积极适应经济发展新常态，守住发展和生态两条底线，培植后发优势，奋力后发赶超，走出一条有别于东部、不同于西部其他省份的发展新路……贵州是一个多民族聚居的地方，要贯彻落实党的民族政策，支持民族地区加快发展特色优势产业，繁荣发展少数民族文化，把贵州建设成民族团结进步繁荣发展示范区。对贵州建设民族团结进步繁荣发展示范区进一步作出明确要求，是贵州建设民族团结进步繁荣发展示范区的根本遵循。①

二、建设民族团结进步繁荣发展示范区是贵州民族工作的总抓手

在全国范围广泛深入持久地开展民族团结进步创建活动，是中央推进新形势下民族团结进步事业的一项重大决策，是做好新时期民族

---

① 参见新华网，《习近平的民族观》，http：//www. xinhuanet. com//politics/2015－08/24/c_128160466_2. htm。

工作的一个重要抓手。民族团结进步创建活动是在中国共产党的领导下，由政府主导的、各民族群众广泛参与的、创造性地推进民族团结和各民族共同进步的社会工程，通过贯彻落实党和国家的民族政策，解决民族问题，促进各民族共同团结进步、共同繁荣发展。2010 年 3 月 2 日，中宣部、统战部和国家民委联合印发了《关于进一步开展民族团结进步创建活动的意见》，明确了开展创建活动的指导思想、总体目标、具体要求、活动形式和工作机制，成为新形势下开展创建活动的指南。[①] 开展民族团结进步创建活动已成为我国特色社会主义建设的一项重要主题工作和重大社会工程。在各地区各部门的高度重视和积极推动下，创建活动不断深入开展，在社会各层面产生了积极的影响，取得了明显成效。为推动民族团结进步创建活动进机关、企业、社区、乡镇、学校、寺庙，发挥好创建活动"主阵地、主渠道"的作用，国家民委于 2014 年 6 月下发了《关于推动民族团结进步创建活动进机关 企业 社区 乡镇 学校 寺庙的实施意见》，对"六进"的目标任务、步骤措施、测评指标，提出了明确的要求，为进一步广泛深入开展民族团结创建活动指明了路径和方向，使"重在平时、抓好平常，重在交心、以心换心"的民族工作理念有了有效载体和广阔平台。[②]

贵州是民族团结的典范，创建民族团结进步繁荣发展示范区，优势突出，有着坚实的基础和良好的机遇。贵州是一个多民族聚居的省份，有 3 个自治州、11 个自治县、193 个民族乡，民族地方占全省总面积的 68.2%。2010 年"六普"数据显示，全省少数民族人口为 1255 万人，占全省总人口的 36.11%，除塔吉克族和乌孜别克族外，

① 参见中国政府网，《三部委发布进一步开展民族团结进步创建活动意见》，http://www.gov.cn/gzdt/2010-07/09/content_1649933.htm。

② 参见中华人民共和国国家民族事务委员会，《国家民委关于推动民族团结进步创建活动进机关 企业 社区 乡镇 学校 寺庙的实施意见》，http://www.seac.gov.cn/seac/xxgk/201407/1073268.shtml。

现有54个民族，其中，世居的少数民族17个，苗族、布依族、土家族、侗族和彝族5个民族占全省少数民族人口的82.09%。贵州少数民族人口总量居全国第四，占全国少数民族人口总量的11.03%。中华人民共和国成立后，特别是党的十一届三中全会以来，贵州各级党委、政府认真贯彻党的民族政策，以各民族共同团结奋斗、共同繁荣发展为主题，着力推动少数民族和民族地区经济社会加快发展，不断巩固和发展平等团结互助和谐的民族关系，长期保持了经济社会发展、民族团结和谐融洽的良好局面。中央领导称赞贵州是全国民族关系最好的地区之一，是“民族团结的典范”。贵州各民族和睦相处，为祖国民族团结、社会稳定做出了重要贡献，为做好新时期民族工作提供了鲜活生动的历史教材，树立了顾大局、讲团结的榜样。作为国发〔2012〕2号文件定位的民族团结进步繁荣发展示范区，贵州省在各民族共同团结进步、共同繁荣发展方面做出了很大贡献。

2012年12月，贵州省委、省政府制定了《关于建设民族团结进步繁荣发展示范区的意见》，牢牢把握各民族共同团结奋斗、共同繁荣发展的主题，从指导思想、基本原则、主要目标、示范范围和示范内容，以及简政放权、产业、财税、生态政策、金融服务、组织领导、指导协调、督促检查等方面作出部署安排。以“五个坚持”和“四个推动”引领示范，“五个坚持”就是坚持科学发展，能快则快，以科学发展为主题，以转变发展方式为主线，把加快发展作为解决民族地区所有问题的关键，实现后发赶超与加快转型的有机统一；坚持示范带动，创新引领，解放思想，开拓创新，在经济社会跨越发展和各民族团结和谐方面走在全国前列；坚持突出重点，统筹兼顾，在民族地区重点实施加快工业强省和城镇化带动战略，推动农业现代化，统筹经济社会协调发展，统筹城乡协调发展，把改革发展成果最大限度惠及民族地区；坚持自力更生，争取支持，充分发扬“不怕困难、艰苦奋斗、攻坚克难、永不退缩”的贵州精神，在自身加倍努力加快发展的同时，积极争取外力支持；坚持民族团结，和谐发展。将维护团结、保持稳定作为推进改革发展的重要前提，调动一切积极因素，凝聚加快发展的强大合力。牢固树立“三个离不开”的思想，大力促进各民族和衷共济、和睦相处、和谐发展。“四个推动”就是在推动民族地区后发赶超上作示范，在推动民族地区民生问题上作示范，在推动民族文化大发展大繁荣上作示范，在推动民族地区经济社会协调发展上作示范。提出“十二五”时期在全省创建1000个民族团结进步示范地方和单位的基础上，创建一批全国民族团结进步示范地方和单位，为全省建设示范区的目标奠定基础。以高度的政治责任感和历史使命感，推进贵州民族团结进步创建活动，探索创建示范区的路径和模式。2015年3月27日，贵州省第十二届人民代表大会常务委员会第十四次会议通过了《贵州省促进民族团结进步条例》，从法律制度上进行设计和推进贵州民族团结进步创建工作。

但是，出于历史、自然等原因，贵州还面临许多困难和问题。主要是经济社会发展滞后，小康实现程度落后全国平均水平8年、落后西部平均水平4年。尤其是少数民族和民族地区发展普遍滞后，发展不平衡、不充分、不协调、不可持续的问题仍然比较突出，民族地区基础设施建设、产业发展、结构调整滞后，保障和改善民生的任务十分艰巨。贵州是全国扶贫攻坚的主战场，是全国贫困程度最深、贫困面最广的内陆多民族聚居地区，贫困人口面大量广，劳动者素质普遍偏低，民族地区基本公共服务水平不高，少数民族和民族地区成为同步建成小康社会的难点和短板等。这些困难和问题表明，贵州是全国民族工作任务最重的省份之一，在贵州创建民族团结进步繁荣发展示范区，探索后发赶超之路，确保在2020年与全国同步实现全面建成小康社会，具有重要的现实意义。贵州尽快实现富裕，是西部和欠发达地区与全国缩小差距的一个重要象征，是国家兴旺发达的一个重要标志。使命光荣、责任重大、任务艰巨、任重道远。

因此，贵州省委、省政府认真贯彻落实习近平总书记考察贵州重要讲话精神，把民族团结进步繁荣发展示范区建设作为贵州民族工作的总抓手，作为探索中国特色、贵州特点民族工作道路的头等大事和重大政治任务。在党中央、国务院的正确领导下，在国家民委等部委的支持帮助下，坚定不移地走中国特色解决民族问题的正确道路，坚持党和国家关于民族问题的基本理论、基本政策、基本法律、基本制度以及体制机制，使各民族团结在中国特色社会主义这面旗帜下，为实现中华民族伟大复兴的中国梦而奋斗。全面贯彻落实党的民族政策，以增强中华民族凝聚力、增进各族人民福祉为主旨，以各民族共同团结奋斗、共同繁荣发展为主题，以推动民族交往交流交融、实现和睦相处、和衷共济、和谐发展为主线。坚持政治上平等互信，经济上相依互存，文化上包容互鉴，情感上相亲互敬，发展上共建共享。坚持和完善民族区域自治制度，不断增强各族人民对伟大祖国的认同、对中华民族的认同、对中华文化的认同、对中国特色社会主义道路的认同、对中国共产党的认同，更好地维护民族团结、社会稳定、国家统一。巩固和发展平等团结互助和谐的社会主义民族关系，加快民族地区全面建成小康社会进程，努力实现“两个一百年”的奋斗目标和中华民族伟大复兴的中国梦。坚持以人民为中心的发展思想，在贯彻落实“五位一体”总体布局、“四个全面”战略布局和五大发展理念中，推进民族团结进步繁荣发展示范区建设。贯彻落实习近平总书记考察贵州重要讲话精神，推进民族团结进步繁荣发展示范区建设。把发展的新理念、新要求、新定位、新任务与推进民族团结进步繁荣发展示范区建设作为一个整体，一起谋划、一起贯彻、一起落实。把民族团结进步繁荣发展示范区建设融入全省发展大局，努力走出一条符合少数民族和民族地区实际和时代要求的后发赶超之路，确保与全省同步实现全面建成小康社会的宏伟目标。

三、加快发展是贵州建设民族团结进步繁荣发展示范区的核心问题

2014年3月，在全国“两会”上，习近平总书记指出，“增强团结的核心问题，就是要积极创造条件，千方百计加快少数民族和民族地区的经济社会发展，促进各民族共同繁荣发展”。2014年9月，在中央民族工作会议上，习近平总书记强调：“处理好民族问题、做好民族工作，是关系祖国统一和边疆巩固的大事，是关系民族团结和社会稳定的大事，是关系国家长治久安和中华民族繁荣昌盛的大事。事实证明，没有各民族团结奋斗，就没有国家发展、稳定、安全；没有国家发展、稳定、安全，也就没有各民族繁荣发展”。“民族地区同全国一道实现全面建成小康社会目标难度较大，必须加快发展，实现跨越式发展”。2015年1月29日，习近平总书记在国家民委一份简报上批示：“全面实现小康，少数民族一个都不能少，一个都不能掉队。要以时不我待的担当精神，创新工作思路，加大扶持力度，因地制宜，精准发力，确保如期啃下少数民族脱贫这块‘硬骨头’，确保各族群众如期实现全面小康”。进一步巩固和发展平等、团结、互助、和谐的社会主义民族关系，让各民族携起手来、共同奋斗，使每一个民族、每一个贫困家庭都能得到阳光明媚的发展。[①] 做好民族工作，发展是第一要义，首先要抓住经济建设这个中心。现阶段我国民族问题更集中地反映在少数民族和民族地区迫切要求加快经济文化建设的问题上。加速

① 参见新华网，《习近平的民族观》，http：//www.xinhuanet.com//politics/2015-08/24/c_128160466_2.htm。

发展民族地区经济，是民族工作的主要内容。民族地区存在的各种困难和问题，归根到底要靠发展来解决，必须毫不动摇地以经济建设为中心，千方百计加快少数民族和民族地区发展。发展是党执政兴国的第一要务，是解决中国所有问题的关键，也是解决民族地区困难和问题的关键。加快发展不仅是解决现阶段民族问题的核心，也是建设民族团结进步繁荣发展示范区的核心问题。

贵州是多民族聚居的省份，也是贫困问题最突出的欠发达省份。改革开放以来特别是实施西部大开发战略以来，少数民族和民族地区得到了很大发展，但由于自然、地理、历史等多方面原因，民族地区仍然相对滞后，一些民族地区群众困难多、困难群众多，尤其是有相当一部分还处于贫困之中，是我省脱贫攻坚的困中之困、难中之难。实现同步全面小康难度较大，要增强民族团结，就必须努力加快发展，去除这一障碍。贵州省委、省政府深刻领会习近平总书记的重要讲话精神，深刻认识贵州民族工作的特殊地位和重要作用，深入分析民族地区面临的新形势新任务，进一步增强做好民族工作的责任感和紧迫感，更快地发展，更紧地团结，更好地奋斗，以改革精神加快推进民族团结进步繁荣发展示范区建设。始终把民族问题作为社会发展总问题的重要组成部分来看待，始终把解决民族地区发展滞后问题作为民族地区主要矛盾来看待，始终把发展作为民族地区解决各种问题的核心。针对少数民族和民族地区发展普遍滞后，与全国全省发展水平差距较大的现实，加快民族地区发展，把解决发展不平衡不充分和缩小发展差距作为民族工作的主要任务，紧紧围绕少数民族和民族地区与全国全省同步全面建成小康社会这一目标，把加快民族地区发展融入全省发展大局。

贵州创建民族团结进步繁荣发展示范区，首要的任务是加快民族地区经济社会发展，通过后发赶超实现经济发展新跨越，与全国同步全面建成小康社会。第一，助力脱贫攻坚不让一个少数民族在小康路上掉队。始终坚持把少数民族和民族地区经济社会加快发展置于全省大局的突出地位，把决不让一个地区、一个民族、一个少数民族群众在脱贫攻坚和全面建设小康中掉队作为建设示范区的头等大事和第一民生工程。贵州是全国脱贫攻坚的主战场，助力脱贫攻坚，啃下最难啃的“硬骨头”，成了全省民族工作的重中之重，因此，在民族团结进步创建工作中，一是把建设民族团结进步繁荣发展示范区，融入和聚焦少数民族和民族地区脱贫攻坚同步小康各领域全过程，拓展与深化建设示范区内涵和外延。全省各级各部门切实担当作为，在省委、省政府的领导下，在国家民委的指导下，以习近平新时代中国特色社会主义思想为根本遵循，按照国发〔2012〕2号文件的战略部署，坚决贯彻落实党中央、国务院关于民族工作的重大决策部署，弘扬“团结奋进、拼搏创新、苦干实干、后发赶超”的新时代贵州精神，紧紧围绕中华民族一家亲、同心共筑中国梦的目标和各民族共同团结奋斗、共同繁荣发展的主题，通过民族地区的经济社会发展巩固全省民族团结，用民族团结保障贵州的脱贫攻坚工作，促进少数民族和民族地区经济社会跨越发展，确保到2020年与全国同步建成小康社会。二是坚持把同步全面建成小康社会和脱贫攻坚作为创建工作的根本任务，制定特殊和差别化政策促进民族地区经济社会加快发展。除《关于建设民族团结进步繁荣发展示范区的意见》外，又相继出台了《贵州省促进民族团结进步条例》《关于加强和改进新形势下民族工作的意见》《“三州”等民族地区跨越发展规划》《关于向民族自治州下放部分省级经济社会管理权限的决定》《关于支持民族自治州脱贫攻坚同步小康的意见》等一系列政策和措施，在顶层设计上为民族地区发展明确了路径，提供了政策支撑。三是在自治县、民族乡、民族村的帮扶方面，省委书记、省长、省委常委、省政协主席、省人大常委会党组书记、副省长等20名省领导分别挂帅，担任全省20个极贫乡镇（民族自治地方有14个乡，其中7个民族乡）脱贫攻坚指挥部指挥长组织定点帮扶脱贫，按照每个贫困人口配套10万元开展帮扶，组织224个省直企事业单位“集团式”定点帮扶，覆盖民族地区36个县。省政府每年定期召开省政府民族工作联席会议，主要领导专题研究民族工作。四是千方百计调集一切资源向民族地区脱贫攻坚聚集，发动一切力量向民族地区脱贫攻坚聚合，在民族地区重点打好实施脱贫攻坚的“四场硬仗”，即全力打好农村基础设施建设硬仗，全力打好易地扶贫搬迁硬仗，全力打好产业扶贫硬仗，全力打好教育医疗住房“三保障”硬仗。其中，在资金、项目和基本公共服务均等化等方面，省级财政连续加大对民族地区财政转移支付的力度。仅2016年，省级财政安排全省民族地区财政转移支付资金达55.14亿元，较上年增加5.44亿元，增长10.94%。2017年，三个自治州承接下放的30项省级经济社会管理权限的承接率分别为96.7%、93.3%、93.3%。2017年12月，省政府又出台了《关于支持民族自治县和民族乡加快发展若干政策措施的意见》，规定从2017年起省级财政通过民族地区转移支付安排各自治县2000万元以上，并作为固定补助基数，对各民族乡补助50万元。2018年，省财政从民族地区转移支付增量资金中切块安排5790万元用于新增补助每个民族乡30万元。对三个民族自治州本级给予财力性补助各1亿元，共计3亿元，并纳入以后年度基数。① 在扶贫开发、基础设施、产业发展、生态建设以及基本公共服务均等化等方面，倾斜扶持和稳步增长资金投入。通过倾斜扶持和稳步增长资金投入，重点抓好民族地区发展县域经济及特色产业，落实劳务输出、教育、医疗保险及救助、最低生活保障兜底等，解决各族群众就业、教育、住房、医疗等基本公共服务均等化。在全国率先实施“四重医疗保障”制度，即医疗保

① 参见《贵州民族报》，http：//dzb.gzmzb.com/P/Item/54396。

险（新农合）、大病保险、医疗救助、医疗扶助覆盖全省所有贫困人口。加强住房保障。贵州作为全国率先开展农村危房改造试点的省份，对全省农村危房户全部纳入改造计划，配套实施改厨、改厕、改圈。到2019年底，完成全省51.38万户农危房（建档立卡贫困户19.74万户、低保户5.16万户，其他危改户26.48万户）、“危改”和“三改”任务。实现对全省所有农村中小学义务教育学生营养改善全覆盖；实现全省66个贫困县农村学前教育儿童营养改善全覆盖。大大增强了各族群众在创建中的获得感和幸福感，为完成“决不让一个地区、一个民族、一个少数民族群众在脱贫攻坚和全面建设小康掉队”任务打下坚实的基础。

第二，加快发展的基础。加快民族地区基础设施建设，全面提升科学发展的基础支撑能力。一是实施“美丽乡村”基础设施行动计划，建设小康路、小康电、小康水、小康讯、小康房，优先加强交通基础设施建设，构建公路、铁路、航空和水运协同发展的立体型交通运输体系，彻底改变贵州民族地区交通山隔水阻的局面，使民族地区农村面貌焕然一新，解决了民族地区乡村发展和各族群众增收的瓶颈制约。二是加大水利设施建设力度，着力解决贵州民族地区工程性缺水问题，构建起建设和发展所必需的水源保障体系。三是加强能源基础设施建设，重点开发利用水能、风能、太阳能、生物能等清洁能源和可再生能源，构建起水火互济、可再生能源为主要支撑的能源保障体系。四是实施绿水青山计划，推进天然林、防护林、重要水源和生物多样性保护建设，加大矿产资源开发的生态整治和修复、陡坡地生态和石漠化治理，加强城市绿地系统和生态系统建设，充分利用当地少数民族传统的生态文化思想，建设绿色生态安全屏障。

第三，发展民族地区特色产业。民族地区要按照市场需求导向发挥资源优势，突出特色，切实打造真正属于自己的特色优势产业。一是大力发展民族文化产业。加强特色民族文化遗产和文化品牌的保护。

培养民族文化致富带头人，扶持民族文化产品开发，提升民族文化产业规模化、集约化、专业化水平，培育一批具有市场发展潜力和市场竞争力的民族文化企业。大力发展民族工艺品，重点发展蜡染、刺绣、织锦、制银等产业。二是大力发展民族地区旅游业。充分利用民族地区旖旎的山水风光、多彩的民族风情与得天独厚的气候条件，构建观光游、休闲游、度假游和体验游相结合的旅游产业新格局，促进旅游与民族文化产业融合发展。实施旅游项目建设扶贫工程、景区带动扶贫工程、旅游资源开发扶贫工程。三是优先发展具有比较优势的蔬菜、茶叶、生态家禽、食用菌、中药材五大产业。依托民族医药资源，扶持民族医药研发和药品注册，做大做强以苗医、苗药为特色的民族医药产业，大力发展特色轻工业。积极发展优质白酒产业，加快建成全国重要的白酒基地。推进烤烟规模化、集约化发展，打造贵烟品牌。提高黔茶知名度，努力打造绿茶产业大省。全面推广农村“三变”改革，推广“龙头企业+合作社+贫困农户”模式和“塘约经验”，推行“村社合一”，引导贫困户加入合作社。明确财政专项扶贫资金的60%用于产业扶贫，到县扶贫资金入股或资产收益扶贫项目贫困户分红比例必须高于70%，让贫困户在产业发展中分享更多收益。建成强大的国家级电子商务进农村综合示范县、县级电商运营服务中心、村级电商服务站点三者结合的电子商务网络。

第四，推动民族地区后发赶超。建设民族团结进步繁荣发展示范区，必须充分发挥后发优势，努力实现超常规的跨越发展，以更大的胆略、更实的举措、更快的速度和更好的效益缩小差距，确保民族地区同步实现全面建成小康社会的目标。一是结构要优起来。坚持以调整促转型，加快转变经济发展方式，实现县域经济比重、工业经济比重、城镇化率、民营经济比重“四个提高”。二是效益要好起来。经济发展快、结构调整优，税收、企业利润要大幅度增加，民生要大幅度改善，生态环境要持续向好，保持“天蓝、地绿、水净”。最终要体现在经济和社会效益上。三是速度要快起来。坚持把扩大投资作为推进工业化和城镇化的第一抓手，深入实施工业强省和城镇化带动战略，以增量扩张带动存量调整，在今后相当长一段时期内，保持高于全国、高于西部、高于贵州省以往历史时期的发展速度，努力追赶全国改革开放和现代化建设的步伐。

四、建设民族团结进步繁荣发展示范区是创新民族团结工作的有效载体

建设民族团结进步繁荣发展示范区，深入推进民族团结进步创建活动，最终目的是实现少数民族和民族地区脱贫攻坚和全面建成小康社会，谱写民族团结进步繁荣发展中国梦的贵州新篇章。

党的十八大以来，在贵州省委、省政府的领导和国家民委的指导下，全省各地以开展民族团结进步创建活动为载体，创新民族团结工作，推动少数民族和民族地区的经济社会发展，维护民族团结和社会稳定，全面推进民族团结进步繁荣发展示范区建设，探索了创建民族团结进步示范的贵州经验。一是大力推进党和国家民族政策的贯彻落实，不断促进少数民族和民族地区经济社会发展，加强维护民族团结、社会稳定和国家统一，依法妥善处理影响民族团结的问题。率先制定了《贵州省促进民族团结进步条例》，把促进民族团结进步事业发展上升到推进民族事务治理体系和治理能力现代化制度层面，从法律制度上进行设计和保障，用法治思维和法治方式推进创建工作；把促进民族团结进步事业的方针、政策和制度措施上升为法律规范，将促进民族工作和民族团结进步事业行之有效的经验和做法用地方性法规的方式进行明确；将各级政府及其有关部门帮助和扶持少数民族和民族地

区经济社会发展的职责职能进行固化，对自治州政府依法行使地方国家机关的职权、民族乡“撤并改”等机制性问题进行了规定；将组织开展民族团结进步创建活动上升为各级政府的法定职责，明确和规范了各个层面加强和促进民族团结进步的相关责任和义务，促进了民族团结进步创建工作常态化、规范化、法治化。

二是营造民族团结进步创建的社会氛围，多层次、多形式、多角度、多方位开展民族团结进步创建的宣传教育活动。坚持以社会主义核心价值观为引领来推动示范区建设，广泛开展爱国主义教育、中华民族共同体意识的宣传教育，不断增强“五个认同”，将民族理论、民族政策、民族团结教育纳入国民教育、干部教育、社会教育全过程。着力抓好经常性教育，将每年10月确定为“民族团结进步宣传教育活动月”，利用民族自治地方逢“十周年庆典”、民族传统节日等时机，借助微博、微信等新兴传媒，用好板报、橱窗、宣传栏等传统手段来发布创建工作信息、悬挂创建工作标语、开辟专题专栏，普及民族政策、民族理论、民族法律法规和民族基本知识。综合运用互联网、大数据、微信、移动新闻客户端、电子商务平台等新媒体、新技术，增强民族团结的影响力。依托文化广场、民族团结活动中心、民族工作服务站、民族团结讲堂、纪念馆和民族博物馆、民族团结示范廊带和示范群、文化墙来发挥作用。制作民族团结宣传片、公益广告、微视频、宣传册、画册、读本、卡片，传播民族团结的好声音、好故事。营造浓厚的民族团结进步氛围，渗透民族团结的理念，增强各族群众对中华民族和中华文化的认同和自信，促进各民族交流、交往、交融，不断树立和增强各族干部群众对促进民族团结进步、维护平等团结互助和谐的社会主义民族关系的意识。

三是因地制宜，将规定动作和自选动作相结合，扎实有效地推动创建活动进到机关、企业、社区、乡镇、学校、寺庙，发挥好其“主

阵地、主渠道”的作用。并将创建活动同各地、各单位、各部门的中心工作结合起来，以“人文化、实体化、大众化”为基本理念，以示范带动和典型引路为基本路径，以省、市（州）、县（区）、乡（镇、社区）、村（居委会）五级联创为基本方式，以推动当地经济发展、促进社会和谐为主要目标，在“深”“细”“实”“强”“优”上下功夫，重点打造一批基础工作扎实、内容丰富、形式多样、效果显著的示范和典型。2012年以来，贵州省委、省政府先后组织召开了“全省民族团结进步创建活动经验交流会”“全省民族团结进步创建活动推进会议”“全省民族团结进步表彰大会”，不断扩大创建活动的覆盖面和影响力，有力地推动和推进创建活动的全面开展。

四是不断改进思维创新方法，不断丰富创建活动的内容和形式，拓展广度深度，围绕加快发展、维护稳定、改善民生、培育中华民族共同体意识深化创建活动，推动创建工作向全面扩展、向纵深推进。在各民族中牢固树立“三个意识”，增进“六个相互”，加强民族交往、交流、交融。通过学校教育、社会教育、家庭教育的相互结合，不断增强和牢固树立各民族干部群众的国家意识、公民意识、中华民族共同体意识这“三个意识”，使汉族离不开少数民族、少数民族离不开汉族、各少数民族之间也互相离不开这“三个离不开”和认同伟大祖国、认同中华民族、认同中华文化、认同中国共产党、认同中国特色社会主义这“五个认同”的思想更加深入人心，使维护社会主义民主、维护社会主义法制、维护人民群众根本利益、维护祖国统一、维护民族团结这“五个维护”成为人们的自觉行动。通过推进各民族文化的交流，增进各民族之间的相互了解、相互尊重、相互包容、相互欣赏、相互学习、相互帮助。有了相互的了解，才能有相互的理解；有了相互的理解，才能有相互的尊重；有了相互的尊重，才能有相互的包容、欣赏、学习、帮助，像石榴籽那样紧紧抱在一起。贵州是

"中华民族多元一体"的缩影，各民族在分布上的交错杂居、文化上的兼收并蓄、经济上的相互依存、情感上的相互亲近，形成了你中有我、我中有你、谁也离不开谁的多元一体格局。加强各民族文化交流交融，开展不同民族之间、不同文化之间的积极交流与交往。拉近民族距离，增进民族互信，促进民族互助，让各民族文化在交流中不断发展，在交流中相互借鉴，在交流中增进民族感情、促进民族团结。切实抓住了民族团结宣传教育的根本，使创建活动成为宣传普及党的民族理论、民族政策、民族法律法规和民族基本知识的过程，成为贯彻执行党的民族工作大政方针和战略部署的过程，成为凝聚全省各族人民智慧和力量的过程，成为促进少数民族和民族地区又好又快发展的过程，成为推动改革开放、经济社会发展普惠各族群众的过程，成为夯实民族团结进步的思想基础、物质基础、社会基础、法律基础、群众基础的过程，成为推动民族团结进步事业不断取得累累硕果的过程。

五是建立完善有效的工作机制，探索和总结经验，丰富创建内涵，拓展创建内容和外延，使创建做到高起点谋划、高标准定位、高质量推进。各地的经验表明，创建民族团结进步的水平取决于认识和重视的高度，取决于协调和支持的态度，取决于推进和落实的力度。抓住"领导重视和机制推动"这个关键，通过加强领导把创建工作提上议程安排，纳入工作部署，出台政策及措施进行引导，不断将创建活动引向深入。建立统计监测机制，重在平时，抓好平常，将全面小康一个民族都不能少、民族团结进步创建、民族政策宣传教育进行指标量化，设立民族团结和睦指数统计监测指标，列入全省以县为单位的全面建设小康统计监测指标体系进行考核，强化了各级党委政府准确把握民族地区全面小康建设进程和创建工作的着力点，有力推动了民族地区发展，民族地区的发展又巩固了创建的成果，推动创建工作向全面扩展、向纵深推进。

五、建设民族团结进步繁荣发展示范区来推动民族地区的繁荣发展

近年来，贵州建设民族团结进步繁荣发展示范区、开展民族团结进步创建活动取得了丰硕成果，为维护民族团结、推动民族地区繁荣发展发挥了积极作用。

一是民族团结进步创建活动成效突出。党的民族政策和国家的民族法律法规得到较好的贯彻落实，民族法制建设不断加强，维护了民族团结的良好局面。省、市（州）、县（区）、乡（镇、社区）、村（居委会）五级联动工作格局的创建为协调民族关系、增进民族感情、促进繁荣发展营造了良好的社会氛围。各民族交往、交流、交融进一步增强，全省没有发生一起影响民族关系和民族团结的重大事件。各民族真正做到手足相亲、守望相助。全省民族团结进步宣传教育人文化、大众化、实体化得到稳步推进，方式载体进一步创新，基本形成了民族团结进步创建活动省市县及基层多级联动的格局。民族团结“四项”教育全面深入，少数民族服务管理工作得到扎实有效的推进，民族法制建设不断增强。涉及民族因素的各种突发案（事）件和舆情得到了及时妥善的处理，民族关系协调工作机制得到了健全，进一步巩固和发展了平等、团结、互助、和谐的社会主义民族关系。全省培养和涌现了一批创建示范典型。2017 年，铜仁市、册亨县等 21 个地方被国家民委命名为全国民族团结进步示范市县；邓恩铭故居、奢香博物馆、黔东南州民族博物馆等 7 个地方被命名为全国民族团结进步教育基地。2018 年 12 月，黔南州和黔西南州荣膺“全国民族团结进步创建示范州”称号；黔南民族师范学院、黔东南苗族侗族自治州黎平县、黔南布依族苗族自治州惠水县好花红镇等被命名为“全国民族

团结进步创建示范区（单位）”。同时涌现了阿里木江·哈力克、孟秋平等在全国有重大影响的民族团结进步先进模范。各族群众牢固树立对中华文化的自尊心、自信心和自豪感，共同构筑了各民族共同的精神家园。民族文化旅游成为“多彩贵州”的靓丽名片，贵州推出了一批民族文化、艺术、歌舞、文学精品，双语教学也更加被普及；建设了一批全国和全省的民族文化特色村寨，各民族优秀文化得以扶持并传承发展。民族文化交流不断深入，民族团结的精神基础更加广泛，各族群众对中华民族的认同更加强烈。

二是民族地区综合经济实力提升成效突出。“十二五”以来，贵州省民族地区生产总值年均增长 16%，高于全省平均水平，人均地区生产总值年均增长 20.67%。[①] 民族地区农村居民人均可支配收入也高于全省平均水平。党的十八大以来，黔南布依族苗族自治州经济总量在全国 30 个自治州由第 10 位跃升到第 5 位，全面小康实现程度达 95% 以上，经济发展综合测评连续五年位居全省前三。2018 年，全州地区生产总值完成 1313.46 亿元；城镇和农村常住居民人均可支配收入分别达 31136 元和 10721 元；民族团结和睦指数和民族团结进步指数均达 100%。2018 年，黔西南布依族苗族自治州经济发展综合测评居全省第 3 位，地区生产总值近五年年均增速超 14%，8 县（市）同步小康创建平均实现程度连续三年增幅排全省第一。2018 年，黔东南苗族侗族自治州地区生产总值 1036.62 亿元，较上年增长 7.9%，经济发展稳中有进。

三是民族地区基础设施建设成效突出。民族地区交通基础设施明显改善，民族地区的高速公路建设里程达 2700 公里，占全省总里程的 60%，实现了“县县通高速公路”，成为全省高速公路通车里程占比最

---

① 参见当代先锋网，《促进民族团结进步 共建多彩美丽贵州》，http://www.ddcpc.cn/news/201807/t20180718_175140.shtml。

高的地区。乡镇通油路率和建制村通公路率达100%，在西部地区率先实现100%建制村通沥青（水泥）路、100%通客运班车。民族地区在全省率先开通高速铁路，率先实现通航机场全覆盖。一批大中型骨干水源工程开工建设。建成了世界最大单口径射电望远镜“中国天眼”和世界第一公路高桥杭瑞高速北盘江大桥，让“开门见山”的民族地区成为大西南的交通枢纽。

四是脱贫攻坚和全面小康建设成效突出。产业快速发展和壮大、基础设施突破瓶颈制约、生态文明建设扎实推进、各族群众的生产生活条件不断改善，推动了民族地区的繁荣发展。2018年，全省城乡居民人均可支配收入分别达到31592元和9716元，分别增长8.6%和9.6%，增速位居全国前列。新增人口较少的民族行政村基本实现了全面小康，人口数量较少的民族贫困村也基本实现整体脱贫。民族地区贫困人口从2012年的492.1万人减少到2018年的148.14万人，贫困发生率从2012年的31.77%下降到2018年的4.28%。

随着我国改革开放的深入推进和经济社会的快速发展，贵州省各民族交流、交往、交融不断加深，各族干部群众在党的领导下同心共筑中国梦，共同实现中华民族伟大复兴的前景更加光明灿烂。

第一章

创建贵州民族团结进步繁荣发展示范区的背景和意义

自古以来中国就是多民族国家，中国广大辽阔的版图和璀璨夺目的中华文明都是各民族在几千年的岁月中不断交往、交流、交融的结果。历史上各政权、各民族间虽然在短时期内有分歧、争斗等不和谐的音符，但统一、互助、和睦的民族关系才是主流。中华人民共和国成立以来，中国共产党以马克思列宁主义、毛泽东思想、邓小平理论、"三个代表"重要思想、科学发展观及习近平新时代中国特色社会主义思想指引民族工作的开展，坚定不移地实施民族区域自治制度，通过民族区域自治、改善民族关系、开展民族识别、同步小康和精准扶贫等一系列的方法和手段不断加强民族平等与民族团结，取得了举世瞩目的成就。

当前阶段，改革发展已进入"深水区"，全球发展大环境复杂且多变，我国经济已由高速增长阶段转向高质量发展阶段，我国社会主要矛盾已经转化为人民日益增长的美好生活需求和不平衡、不充分的发展之间的矛盾，只有各民族共同团结奋斗，各民族共同繁荣发展才能在新的历史时期有大动力、大作为。2013 年 10 月，习近平同志在中央民族大学附属中学迎来 100 周年校庆前夕给全校学生的回信中强调："我国是统一的多民族国家。我国各族人民同呼吸、共命运、心连心的奋斗历程是中华民族强大凝聚力和非凡创造力的重要源泉"。以习近平同志为领导核心的党中央以高瞻远瞩的战略眼光深刻认识到我国民族工作的重要性，以扎实稳健的工作方法认真开展民族工作，只有不断加强民族团结，推动少数民族地区经济和社会发展，缩小贫富差距，真正做到"不让一个民族掉队"，才能让每个民族共享经济发展红利，实现共同富裕，才能够顺利实现“两个一百年”的伟大目标和中华民族伟大复兴的中国梦。

第一节　创建贵州民族团结进步繁荣发展示范区的背景

民族问题始终是坚持和发展中国特色社会主义必须要处理好的一系列重大问题，是关乎党和人民革命事业发展全局的一项重大工作。2012 年 2 月 13 日，国务院召开新闻发布会，正式发布了《关于进一步促进贵州经济社会又好又快发展的若干意见》（国发〔2012〕2 号），这是 1990 年以来国家为贵州省专门制定的第一个全面系统地促进经济社会发展的纲领性文件，对指导贵州省跨越发展具有时代性意义。该意见要求贵州认真落实民族政策，支持民族地区加快发展，巩固和发展平等、团结、互助、和谐的民族关系，促进各民族交往、交流、交融，实现经济跨越发展和社会和谐进步。贵州省委、省政府坚决贯彻落实中央文件精神，精心制定了《关于建设民族团结进步繁荣发展示范区的意见》，牢牢把握各民族共同奋斗、共同繁荣发展的时代性主题，积极创建民族团结进步繁荣发展示范区。

贵州省简称“黔”或“贵”，地处中国西南内陆，与湖南、广西、重庆、四川和云南接壤，是我国西南地区的交通枢纽，下辖贵阳、遵义、六盘水、安顺、毕节、铜仁、黔东南、黔南、黔西南共九个市（州）。境内地势西高东低，高原山地居多，素有“八山一水一分田”的说法，是全国唯一没有平原支撑的省份。作为多民族省份和经济欠发达省份，贵州省有着光荣悠久的民族团结历史，汉族与少数民族、

少数民族之间多年来一直保持着较为良好的关系，各民族连续多年未发生过一起影响大、波及广的不良事件。近年来，在党中央和国务院的正确领导和大力支持下，贵州省开始不断发力，采用“弯道取直、后发赶超”的方法使经济整体呈现强劲的发展势头，社会和谐稳定、文化健康繁荣、经济不断提升，对全国民族地区的改革发展具有示范作用。在贵州建立民族团结进步繁荣发展示范区，是党中央和国务院从国家战略全局高度所做的重要决定，体现了对贵州的高度重视和深切关怀，也体现了对贵州民族工作良好成果的积极肯定。

一、民族团结为贵州民族团结进步繁荣发展示范区的创建奠定环境基础

贵州是一个多民族共居的省份，共有黔东南、黔南、黔西南三个民族自治州，紫云苗族布依族自治县、关岭布依族苗族自治县、镇宁布依族苗族自治县、威宁彝族回族苗族自治县、三都水族自治县、松桃苗族自治县、玉屏侗族自治县、印江土家族苗族自治县、沿河土家族自治县、务川仡佬族苗族自治县、道真仡佬族苗族自治县这 11 个民族自治县和 193 个民族乡，民族地方占全省总面积的 68.2%。根据 2010 年全国第六次人口普查数据显示，贵州省少数民族总人口量 1255 万人，位居全国第四位，占全国少数民族人口总量的 11.03%，占全省总人口的 36.11%。除塔吉克族和乌孜别克族外现有 54 个民族，其中世居少数民族有苗族、布依族、侗族、土家族、彝族、仡佬族、水族、回族、白族、瑶族、壮族、畲族、毛南族、满族、蒙古族、仫佬族、羌族共 17 个民族，苗族、布依族、土家族、侗族、彝族五个民族人口占全省少数民族人口的 82.09%。

1949 年中华人民共和国成立后，党和国家立即开始着手推动全国

少数民族工作，贵州省民族工作在这一时期有了历史性的发展，主要表现为：第一，调解民族间或民族内部矛盾，消除民族冲突，进一步疏通、团结各个民族；第二，积极宣传党和国家的民族政策与相关法律法规，全面推行民族自治，实现民族平等；第三，开展少数民族基本情况调查研究，帮助少数民族发展经济，推动民族地区走上社会主义道路；第四，开展民族识别工作，组织大量专家学者进行细致调查；第五，创办民族院校并培养了一大批少数民族干部。改革开放以来，贵州省各级党委和政府确立了以马克思主义为核心的民族工作观，将贵州民族工作的重心转移到社会主义建设当中来，认真贯彻党和国家的民族政策，进一步落实民族区域自治制度，广泛开展民族团结教育和民族进步表彰活动，着力推动少数民族和民族地区经济社会的加快发展，针对人口较少民族展开大力度帮扶，大力发展民族教育事业和文化事业，不断巩固和发展平等团结互助和谐的民族关系，长期保持了经济社会发展、民族和谐融洽的良好局面。进入21世纪，各民族共同团结奋斗、共同繁荣发展成为贵州当前开展民族工作的主题，贵州省民族工作迎来了健康发展的时期。2012年10月，时任国务院总理温家宝同志在考察贵州时曾说：“千百年来，各民族和睦相处，在贵州这块土地上繁衍生息、同舟共济，共同创造了多姿多彩的贵州文化，成为民族团结的典范。”

二、民生事业进步为贵州民族团结进步繁荣发展示范区的创建奠定群众基础

习近平同志在党的十九大报告中提出要“提高保障和改善民生水平”。习近平指出，为什么人的问题是检验一个政党、一个政权性质的试金石，必须始终把人民利益摆在至高无上的地位，让改革发展成果

更多更公平惠及全体人民，朝着实现全体人民共同富裕不断迈进。贵州省作为西部欠发达地区，底子薄、欠账多，人民生活水平受到制约。2012年国发2号文件出台以来，贵州积极探索改革发展之路，实现经济发展“弯道超车”，人民生活水平不断提高，民生方面取得重大成就。

以《2018年贵州省国民经济和社会发展统计公报》公布的数据①为例：

就业方面。贵州全年城镇新增就业77.71万人，比2017年增长1.0%。其中，失业人员再就业14.54万人，就业困难人员实现就业7.79万人。年末城镇登记失业率为3.16%。

收入方面。贵州2018年常住居民人均可支配收入18430元，比上年名义增长10.3%。按常住地分，城镇常住居民人均可支配收入31592元，比上年名义增长8.6%；农村常住居民人均可支配收入为9716元，比上年名义增长9.6%。

脱贫攻坚方面。2018年末全省农村贫困人口155.12万人，全年农村贫困人口脱贫148.14万人，贫困发生率下降至4.29%，比上年末下降3.46个百分点。全年建成易地扶贫安置房18.22万套，易地扶贫搬迁入住76.19万人。建成城镇保障性安居工程35.78万套，改造农村危房21.13万户。教育精准扶贫资助农村建档立卡贫困学生46.51万人。

教育方面。农村学前教育儿童营养改善计划全覆盖，在西部率先实现县域义务教育基本均衡发展。② 九年义务教育巩固率91.0%，高中阶段毛入学率88.0%。

---

① 数据均来源于贵州省统计局、国家统计局贵州调查总队2018年4月9日发表的《2018年贵州省国民经济和社会发展统计公报》。

② 参见贵州省人民政府网，《2019年贵州省政府工作报告》，http://www.guizhou.gov.cn/xwdt/jrgz/201902/t20190211_2251862.html。

医疗方面。2008年末拥有医疗卫生机构2.81万所，其中，医院、卫生院0.27万所。专业公共卫生机构349个，其中疾病预防控制中心100个。医院、卫生院床位数23.27万张，比上年末增长5.3%。

社会保障方面。2008年末城镇职工基本养老保险参保人数639.81万人，比上年末增长8.8%。其中，企业职工376.98万人，增长11.6%。城乡居民基本养老保险参保人数1802.66万人，增长3.1%。失业保险参保人数257.33万人，增长9.2%。基本医疗保险参保人数1040.47万人，增长3.9%。工伤保险参保人数355.75万人，增长7.0%。其中，农民工94.73万人，增长2.0%。生育保险参保人数326.18万人，增长7.3%。年末城市居民最低生活保障人数33.79万人，月人均保障标准598元，比上年增长6.6%。年末农村最低生活保障人数225.55万人，年人均保障标准3908元，比上年增长9.2%。年末拥有各类提供住宿的社会服务机构1014个，其中养老服务机构909个，儿童福利和救助机构24个。社会服务床位20.02万张，其中养老服务床位18.75万张，儿童服务床位0.51万张。生活无着人员救助管理站44个，救助生活无着人员40881人次。全年销售社会福利彩票28.34亿元，比上年增长0.4%；筹集社会福利资金8.92亿元，比上年增长0.9%。

全年一般公共预算支出5017.32亿元，比上年增长8.8%。其中，教育支出995.33亿元，增长10.4%；农林水支出649.86亿元，增长6.2%；社会保障和就业支出543.33亿元，增长8.9%。

党的十九大期间，习近平总书记参加贵州省代表团讨论时作出重要讲话，充分肯定了贵州省在经济社会发展中取得的成绩。贵州省作为脱贫攻坚的主战场，始终坚持把保障和改善民生作为各级党委和政府工作的出发点和落脚点，全省上下团结一心，以习近平总书记提出的“团结奋进、拼搏创新、苦干实干、后发赶超”新时代贵州精神为

根本遵循，向绝对贫困发起总攻，确保2020年与全国人民一道实现全面小康的宏伟目标。

三、文化繁荣为贵州民族团结进步繁荣发展示范区的创建奠定文化基础

习近平总书记2014年关于民族文化曾有这样一段论述，深刻地表明了民族文化的重要意义：“民族文化是一个民族区别于其他民族的独特标识。要加强对中华优秀传统文化的挖掘和阐发，努力实现中华传统美德的创造性转化、创新性发展”。2017年贵州省召开的第十二次党代会上陈敏尔同志也提道：“深入推进文化事业和文化产业发展。实施优秀传统文化发展工程，大力发掘利用民族文化、山地文化、阳明文化、‘三线’文化等优势资源，推进文化与科技、旅游等融合发展，让优秀传统文化活在当下、服务当代”。2017年10月，贵州省委书记孙志刚同志在省委常委会议上指出：“充分挖掘我省特色文化资源，着力建设多彩贵州民族特色文化强省，更好服务改革发展。”2019年1月3日，孙志刚在贵州省第八次民族团结进步表彰大会上指出：“要切实维护全省民族团结的大好局面，铸牢中华民族共同体意识，加强各民族交往交流交融，推动多彩民族文化繁荣发展。”

贵州省民族文化包含了少数民族生产生活的方方面面，既包含着如衣食住行等物质方面的文化要素，又包含着人与时间、空间、自然环境，人与人，人与祖先，人与自身等精神层面的文化要素，还包含着历史、人文、社会、经济等多方面的文化要素，从深层次体现其文化底蕴并解释和揭示民族心理与民族精神的本质，如同一面镜子，可以清晰地反映出少数民族生活的面貌，对描绘一个民族、一个地区的图景，记录一个民族、一个地区的轨迹有着极高的历史价值。民族文

化不但加强了少数民族群众个体之间的人际联系，更加深了民族与民族之间的印象，强化了民族与民族之间的了解，加强了民族与民族之间的族际联系，为构建平等、团结、互助、和谐的社会发挥出其应有的社会价值。民族文化内涵深厚，其体现的社会伦理成为维系民族社会人际关系的纽带，强化了血缘、亲缘和族缘的关系并增强了认同感，文化的力量向外发散，感染着民族的每个个体，潜移默化地将本民族牢牢凝聚在一起，增强了民族的文化自信，对民族的发展具有极高的精神价值。

贵州作为拥有十七个世居少数民族的多民族省份，因历史上较为封闭的地理条件限制，使民族文化得到了较好的保存和延续，而各民族和谐共生的关系也为文化的发展与繁荣创立了良好的条件，各民族互相帮助、互相包容，而这种民族包容性使文化与文化之间、文化内部之间呈现出多种不同的类型与特点，在不同的环境中找到自身的准确定位和适合自身发展的有利条件，这种文化的多元性构成了贵州省民族团结的文化基础与历史根基。民族文化不单单是少数民族自身的重要财富，更是中华民族宝贵文化遗产的重要组成部分，其体现的内容如同土壤一般滋养了整个中华民族的文化精神之树，而中华民族文化精神的普及、延续和传承如同根须一般将这土壤凝结得更为紧密，为贵州良好民族关系的产生、发展、繁荣奠定了基础。

四、经济发展为贵州民族团结进步繁荣发展示范区的创建奠定物质基础

贵州地处西南内陆云贵高原，是全国唯一“三不沿”省份，全省面积 17.6 万平方千米，常住人口 3600 万（截至 2018 年末）。贵州山川秀美、资源富集、民族文化异彩纷呈，被誉为“多彩贵州”。但在历

史上，贵州受地理区位、地域环境和发展条件限制，长期封闭落后，贫困问题突出，小康实现程度落后全国平均水平8年、落后西部平均水平4年。贵州民族地区人口占全省88个县总人口的38.83%，但在2012年，其地区生产总值、工业增加值、固定资产投资等主要经济指标仅占22%~28%，与人口比例极不适应。“富裕而贫穷”是贵州的最大现实问题，加快发展是全省各民族人民的衷心期盼，也是全省当前的最大任务。“十二五”以来，面对全省贫困人口多、贫困程度深、发展压力大的现实，新一届贵州省委领导班子为谋求跨越式发展，开始寻求新的“突围之路”。加速发展、加快转型和推动跨越“两加一推”战略的实施让贵州开放型经济步入了发展的新阶段，谱写了贵州跨越式发展新篇章。“十二五”时期是贵州对外开放力度最大的时期，也是经济社会发展成就最为显著的时期，2012年，贵州省实际利用外资首次突破10亿美元，是2010年的3.3倍，2014年，贵州省实际利用外资总额20.65亿美元，两年实现翻番。2015年，贵州省GDP首次突破1万亿元，五年间年均增长12.5%以上，增速位列全国第二，人均水平接近5000美元，摘掉了人均GDP全国倒数第一的帽子。党的十八大以来，贵州省综合经济实力高速增长，地区生产总值年均增长10.9%，增速连续保持全国前两位，总量突破万亿元。①

贵州省是全国脱贫攻坚的主战场，作为全国贫困程度最深、贫困面最广的内陆多民族聚居地区，少数民族和民族地区的贫困时刻牵动着党和国家领导人的心，习近平同志于2015年两会期间参加广西代表团审议时说：“要把扶贫攻坚抓紧、抓准、抓到位，坚持精准扶贫，倒排工期，算好明细账，决不让一个少数民族、一个地区掉队”。贵州尽快实现富裕，是西部和欠发达地区与全国缩小差距的一个重要象征，

① 参见贵州省人民政府网，《2018年贵州省政府工作报告》，http://www.guizhou.gov.cn/xwdt/jrgz/201802/t20180205_1093373.html。

是国家兴旺发达的一个重要标志。党的十八大以来，贵州深入贯彻习近平同志扶贫开发战略思想，突出“精准扶贫、精准脱贫”基本方略，大力实施“大扶贫战略行动”，创新扶贫开发机制，集中实施武陵山、乌蒙山和滇桂黔石漠化连片贫困地区区域发展和扶贫攻坚工作，将扶贫开发朝着跨行政区域、跨民族分布界线方向发展，为整体提升少数民族和民族地区的发展水平探索新路。通过全省各族人民的共同努力，贵州全省累计减少贫困人口 768 万人，贫困发生率降低到 4.29%。在 2013~2018 年，贵州创建民族团结进步繁荣发展示范区，探索后发赶超之路，确保在 2020 年与全国同步实现全面建成小康社会，对贵州、对全国乃至对世界范围内经济欠发达地区的经济发展与摆脱贫困都具有重要的价值。

第二节　创建贵州民族团结进步繁荣发展示范区的战略意义

一、创建贵州民族团结进步繁荣发展示范区是促进民族团结和维护国家统一的重要基石

民族团结是社会主义民族关系的基本特征和核心内容之一，既是我国历史上各个朝代稳定的根源，也是 1949 年中华人民共和国成立后所追求的重要目标。社会主义社会中各民族之间的团结，是以中国共产党的领导为核心的，是以社会主义制度和祖国统一为基础的，只有积极做好民族工作，保持民族团结的良好形势，才能够维护国家统一

的大好局面，推动经济发展，改善人民生活。习近平同志在2014年参加全国政协十二届二次会议分组讨论时曾强调，“团结稳定是福，分裂动乱是祸”。古语云，“家和万事兴”，一个国家的发展和强盛，离不开各民族的团结友爱和共同奋进，一个国家的统一与安定，离不开各民族的平等和睦和共同坚守。我国各个民族在数千年的历史长河中，通过迁徙、贸易、征战、联姻等方式不断加强交往、交流、交融，孕育出了团结友爱的宝贵传统，形成了你中有我、我中有你、交错杂居、共生互补的中华民族多元一体格局。近代以来，中国饱受列强压迫，各族人民生活在水深火热之中，推翻压在人民头上“三座大山”的重要任务超越了民族的界限，成为了中国人民共同的期盼。在党的坚强领导下，在各族人民共同的努力下，各个民族在反对共同敌人的斗争中形成了休戚与共、荣辱一体的命运共同体，各民族间团结友爱的优良传统得到不断发扬，中华民族团结一致以应对新时代的挑战。中华人民共和国成立以来，各民族同呼吸、共命运，互相学习经验、取长补短，不断推进社会主义制度建设和改革开放事业的发展。党和国家积极实行民族区域自治制度，少数民族权利得到了保障，真正实现了民族平等。各民族同舟共济，不断克服了来自多个领域的困难和挑战，使中华民族向心力和凝聚力得到了不断加强。

民族团结和国家统一与人民的美好生活息息相关，但近期，由于国内外反动势力的煽动及资源冲突、利益纠纷、文化冲击和历史隔阂等多方面的原因，民族地区秩序受到严重影响，干扰了人民的正常生活，使人民的生命财产蒙受损失，为国家的统一和民族的团结蒙上了一层阴影。党和国家采取有效手段针对性地解决了民族地区问题，而实施创建民族团结进步繁荣发展示范区作为促进民族团结和维护国家统一的基础性工作，在争取中华民族伟大复兴的历史节点上具有十分重要的作用和现实意义。民族团结进步繁荣发展示范区建设包含五大方面，分别为“在推动民族地区后发赶超上作示范，在改善民族地区民生问题上作示范，在推动民族文化大发展大繁荣上作示范，在推动民族地区经济社会协调发展上作示范，在执行民族政策上作示范”，涵盖了民族地区经济、民生、文化、社会和法制这五个大的方面。贵州省实施创建民族团结进步繁荣发展示范区工作的主要目的就是要赶好“五驾马车”，集中力量解决民族地区的发展问题，提升民族地区人民的生活质量，并借助以点带面、以面连片的宣传、学习和教育，将党和国家的民族政策、民族法规、民族工作的开展情况和取得的主要成就向社会进行全方位传导，通过“进机关、进社区、进乡镇、进学校、进企业、进寺观教堂”的手段使民族地区在社会各界形成争当先进之风，强化民族地区的团结意识，维护祖国统一。

二、创建贵州民族团结进步繁荣发展示范区是凝聚民族精神和增强中华民族向心力的必要手段

民族精神是一个民族在长期的历史进程和积淀中形成的民族意识、民族文化、民族习俗、民族性格、民族信仰、民族宗教、民族价值观念和价值追求等共同特质，是指民族传统文化中维系、协调、指导、推动民族生存和发展的精粹思想，是一个民族生命力、创造力和凝聚力的集中体现，是一个民族赖以生存、共同生活与发展的核心和灵魂。在形成与发展的过程中借助多种载体，不断强化血缘、亲缘、族缘、地缘等关系并逐渐增进民族群体内部认同感，文化的力量向外发散感染着不同民族的每个个体，潜移默化的将本民族牢牢凝聚在一起。作为一种巨大的精神力量，民族精神是一个民族实现共同理想、伟大目标的精神支柱，它能使全国各族人民在改革发展的浪潮中始终保持昂扬向上的精神状态，也是未来建设伟大祖国的强大动力。

每个民族的民族精神不单单是该民族自身的重要文化内核，更是整个中华民族精神的重要组成部分。长久以来，以中华民族主体精神为内核的文化体系是整个中华民族力量的源泉，是凝聚各个民族的重要纽带。2014 年 9 月 29 日，习近平同志在中央民族工作会议中指出：“中华民族是一个命运共同体，一荣俱荣，一损俱损。”中华民族向心力是整个中华民族的生命力，关乎国家命运与发展。长久以来，中华民族因其深厚的文化底蕴与强大的凝聚力抵御了种种磨难，不断取得新的成就。增强中华民族向心力，其关键就是要通过文化认同使各族人民有共同的心理归属，加强爱国主义教育、弘扬中华文化，为中华民族的发展提供不竭动力。

贵州省有着光荣的民族团结历史，被党和国家领导人称赞为“民族团结的典范”，推动民族团结进步繁荣发展示范区建设就是要积极巩固这一大好局面。作为增强中华民族向心力的重要手段，贵州省民族团结进步繁荣发展示范区的建设工作在开展过程中找准发力点，在谋求经济发展以促进民族地区人民生活水平提高的过程中不忘精神文明建设，大力推动民族文化的传承与文化产业的发展，增强各民族文化的生机与活力，让民族地区公共文化服务设施得到逐步完善，民族群众文化活动丰富多彩，民族文艺创作不断繁荣，民族文化遗产事业取得新的成效。各个民族的优秀文化所蕴含的宝贵思想是中华文化的源头活水，承继与发扬民族文化才能真正把握住中华文化的精神命脉，才能进一步提升中华民族的精神价值，增强中华民族的向心力与凝聚力。

三、创建贵州民族团结进步繁荣发展示范区是实现“两个一百年”伟大目标、共圆“中国梦”的现实要求

1997 年，党的十五大报告曾首次出现“两个一百年”奋斗目标的

提法：第一个一百年，是到中国共产党成立100年时（2021年）全面建成小康社会；第二个一百年，是到新中国成立100年时（2049年）建成富强、民主、文明、和谐的社会主义现代化国家。自党的十八大以来的历次公开讲话与文章中，“两个一百年”频频出现，具有极强的理论价值与现实意义，与“中国梦”这三个字一同成为引领中国前行的时代号召。2012年，党的十八大描绘了全面建成小康社会、加快推进社会主义现代化的宏伟蓝图，“两个一百年”自此成为一个固定关键词，成为全国各族人民共同的奋斗目标。

“两个一百年”伟大目标其本质与“中国梦”的核心目标相同。“中国梦”是中国共产党召开第十八次全国代表大会以来，习近平总书记所提出的重要指导思想和重要执政理念，正式提出于2012年11月29日。习近平同志认为，“实现中华民族伟大复兴是近代以来中华民族最伟大的梦想”，并且表示这个梦“一定能实现”。2013年3月17日，习近平同志在十二届全国人大一次会议闭幕会上，第二次详尽阐述中国梦，号召全体中华儿女为努力实现中国梦而不懈奋斗。党的十九大报告清晰绘就了全面建成社会主义现代化强国的时间表和路线图。在2020年全面建成小康社会、实现第一个百年奋斗目标的基础上，再奋斗15年，在2035年基本实现社会主义现代化。从2035年到21世纪中叶，在基本实现现代化的基础上，再奋斗15年，把我国建成富强、民主、文明、和谐、美丽的社会主义现代化强国。

伟大目标的实现离不开全国各族人民的共同努力。积极建设民族团结进步繁荣发展示范区，就是要探索出一条民族地区的和谐发展之路，改变民族地区贫困的面貌，以民族团结促社会进步，以社会进步促经济繁荣，以经济繁荣促地区发展。“众人拾柴火焰高”，贵州和谐稳定的民族关系是贵州人民之福，是中华民族之福，贵州省委、省政府及其领导下的各级党委和政府能够在这种和谐稳定的民族团结氛围

里集中精力抓好经济发展，将宝贵的人力、物力和财力集中投入到脱贫攻坚这一伟大工程当中，积极为民族地区的人民群众谋求脱贫致富之路，通过保障人民生活、缩小经济差距、促进社会公平来加强人民群众的民族团结意识。民族团结进步繁荣发展示范区的建设不是一朝一夕，也不是一蹴而就，贵州省把脱贫攻坚作为解决这一问题的关键，只有群众的钱袋子鼓了、脸上笑了、腰杆子硬了，才能更加认同中国共产党的领导，才能在党的带领下自发为实现“两个一百年”伟大目标奋斗，进而实现“个人梦”“家庭梦”，直至实现中华民族伟大复兴的“中国梦”。

四、创建贵州民族团结进步繁荣发展示范区是推动经济发展和改善人民生活的有力支撑

“我们的人民热爱生活，期盼有更好的教育、更稳定的工作、更满意的收入、更可靠的社会保障、更高水平的医疗卫生服务、更舒适的居住条件、更优美的环境，期盼孩子们能成长得更好、工作得更好、生活得更好。人民对美好生活的向往，就是我们的奋斗目标。”[①] 2012年11月15日，习近平总书记在新一届中央政治局常委同中外记者见面时的这段讲话，朴实亲切、饱含深情，温暖了亿万人的心。实现好、维护好、发展好最广大人民根本利益是党和国家一切工作的出发点和落脚点，必须做到“发展为了人民、发展依靠人民、发展成果由人民共享”。以人为本，最根本的要求就是以人民群众最关心、最直接、最现实的利益问题为重点，保障和改善民生，促进人的全面发展。民生问题不仅关系广大人民群众的根本利益，而且影响到整个国家发展的

① 参见人民网，《习近平：人民对美好生活的向往就是我们的奋斗目标》，http：//cpc.people.com.cn/18/n/2012/1116/c350821-19596022.html。

大局。

经济的发展会推动民生的改善，而民生的改善与社会的和谐安定密不可分，历史的经验告诉我们，如果人民群众的正常生活需求得不到满足，那么社会和谐就无从谈起。改革开放以来，贵州省经济发展水平虽不断提高，但历史欠账较多，一些民族地区的生产生活环境仍存在较大问题，人民群众基本生活需求得不到满足。国发 2 号文件出台后，针对民族团结进步繁荣发展示范区的建设，贵州省委、省政府相继制定了《关于建设民族团结进步繁荣发展示范区的意见》《关于加强和改进新形势下民族工作的意见》，各地和省直有关部门以创建活动千方百计地加快少数民族和民族地区经济社会发展。2013 年全省第七次民族团结进步表彰大会以来，三个民族自治州生产总值年均增速超过 12%，增速高于全省平均水平。民族团结进步繁荣发展示范区的建设有力地支撑了贵州省民族地区的经济社会发展，2015 年贵州省 GDP 首次突破 1 万亿元，五年间年均增长 12.5%以上。近几年来，贵州省每年民生资金项目投入均在 2000 亿元以上，民族地区贫穷落后的面貌得到了较大幅度的改善，人民生活水平不断提高，群众满意度不断提升，社会和谐安定，全省没有发生过一起影响民族关系的重大事件，各民族真正做到手足相亲、守望相助，共同构筑各民族共有的精神家园。

第三节　创建贵州民族团结进步繁荣发展示范区的目标和任务

改革开放以来特别是实施西部大开发战略以来，我省民族地方经济社会发展取得了显著成绩，但由于多方面原因，与全省发展水平还

有较大差距。2013年1月18日，中共贵州省委、贵州省人民政府出台了《关于建设民族团结进步繁荣发展示范区的意见》，明确了贵州创建示范区工作的目标和任务。现摘录如下：

一、创建贵州民族团结进步繁荣发展示范区的目标

第一，经济实现后发赶超。民族地区经济增长速度高于全省平均水平，转变经济发展方式取得实质性成效，综合经济实力实现大幅提升。到2015年，全面建设小康社会实现程度接近全省平均水平；到2020年，与全省同步实现全面建设小康社会奋斗目标。

第二，人民生活持续改善。强力推进集中连片特困民族地区和人口较少民族（毛南族、仫佬族）聚居地的扶贫开发工作，民族地区农民人均纯收入和城镇居民可支配收入逐年增加，增幅高于全省平均水平。

第三，民族文化繁荣发展。民族文化得到有效保护和传承，知名度、美誉度极大提高，培养壮大一批民族文化品牌。

第四，社会事业全面进步。公共财政、公共服务和社会保障实现全覆盖。

第五，民族团结深入发展。巩固和发展平等、团结、互助、和谐的民族关系，全面推进民族工作社会化，民族团结的政治基础、制度基础、思想基础、群众基础日益牢固。

二、创建贵州民族团结进步繁荣发展示范区的任务

（一）在推动民族地区后发赶超上作示范

1. 编制实施《“三个自治州”等民族地区发展专项规划》

把三个自治州建设成为承接产业转移、旅游休闲度假、民族文化

保护的生态文明示范区，努力推动民族地区经济增长指标高于全省平均水平。

2. 加大基础设施建设和生态建设力度，夯实民族地区发展基础

加快推进民族地区铁路建设，重点实施南昆、黔桂铁路扩能改造工程，规划建设隆昌至百色贵州段铁路，争取将毕节经水城至兴义、都匀经凯里至黔江、兴义至永州等铁路纳入国家规划。加快都匀至西昌、毕节至兴义、松桃经铜仁至黎平、赤水经正安至沿河、贵阳至瓮安、安康经南川至麻江、赤水经罗甸至百色等公路项目的建设。2015年基本实现县县通高速公路，在70%以上的行政村通沥青（水泥）路的基础上力争有所突破，到2020年基本实现村村通沥青（水泥）路。改扩建黎平、兴义、荔波等机场，开工建设黄平机场，开展威宁、罗甸等机场前期工作。重点推进红水河龙滩等水电枢纽通航设施建设，加快推进都柳江干流航电结合梯级开发，尽快建成三板溪库区航运工程，发展库区航运特别是旅游客运。加快民族地区能源通道建设和实施500千伏独山至桂南电力外送新通道建设，加快建设兴仁—独山南部电力通道。加大民族地区水利和生态建设力度，积极推进马岭大型水库、紫云黄家湾等一批大中型水源工程建设，支持开展龙滩二期工程研究论证。继续推进南、北盘江流域水环境综合整治，实施万峰湖饮用水水源地环境综合整治工程，加强草海等湖泊环境保护和综合防治。加强清水江、都柳江等流域综合治理。争取把黔东南州纳入国家生态补偿试点地区，推进雷山、印江、荔波、剑河等国家生态文明示范工程试点县建设。

3. 加大经济结构调整力度，大力发展民族地区特色经济和优势产业

按照发展现代农业的要求，加快发展特色优质高效农业，推进农业规模化、集约化和产业化发展，促进农业增效、农民增收。规划建

设黔东南、黔南生态农业示范区，黔西南喀斯特山区特色农业示范区；支持黔东南州建设供港蔬菜基地，加快建设榕江、独山和册亨蔬菜等批发市场；支持黔东南州建设西南林产业基地，黔南州建设中药材、茶叶种植基地。

大力实施工业强省战略。发展民族地区能源产业，加强“西电东送”火电基地电源点建设，加快建设清江、普安等一批大型坑口电厂和路口电厂；稳步推进南、北盘江和乌江等重点流域梯级水电开发，积极开发生物质能、风能、太阳能等新能源；大力发展民族地区资源勘探和深加工产业，加大民族地区矿产资源整装勘查力度；大力推进民族地区优势资源就地转化工程，加快民族地区优势产业及其龙头企业发展并形成示范。重点抓好黄平、瓮安、龙里、务川、正安、道真片区铝土矿，黔西南金矿，松桃锰矿，罗甸软玉等矿产资源的整装勘查。积极发展非金属精细化工，推进黔东南州建设全国精细碳酸钡生产和研发基地、钡化工基地；加强磷矿资源整合，建设瓮安—福泉磷煤化工产业带，推进磷化工产业的精细化、集约化发展；支持黔西南州建设西江上游经济区的能源化工、原材料加工基地，重点建设黔西南安龙重化工基地；加快推进务川、正安、道真煤电铝一体化基地建设。积极发展民族地区特色轻工业和战略性新兴产业。积极推进中药现代化进程，大力培养生物医药、生物育种产业，扶持民族特需商品定点生产企业的发展。大力发展民族地区现代服务业和旅游业。加大雷公山、草海、荔波等精品景区建设力度，加强镇远、西江等历史文化名城、名村以及旅游资源富集城镇的保护和建设，进一步加大对“黎从榕”特色旅游区的扶持力度。支持黔南州将南部8个县捆绑建立“黔南民族生态旅游区”，围绕“500米口径球面射电望远镜”项目建设发展科普旅游业，培育“水墨金州”等一批旅游休闲度假胜地。推进民族地区区域性流通贸易交易市场建设，建立西南民族药材交易市场，支持黔西南州建设滇桂黔三省结合部商贸物流中心。

4. 加快民族地区城镇化进程，推动民族地区城乡协调发展

促进民族地区中心城市加快发展，将自治州政府所在地的县级市培育成为区域性中心城市，支持凯里都匀一体化发展，积极构建兴义城市圈，支持黔东南州实施凯里麻江同城化发展。推进贵阳至各自治州中心城市城镇带建设，加强贵阳市和都匀、凯里、兴义等区域性中心城市的联系，促进要素流动和功能整合。积极培育发展民族地区各具特色的中等城市和特色小城镇。推进资源型城市可持续发展。

5. 实行差别化政策，推动民族地区经济总量靠后的县加快发展

采取引导现有专项资金优先安排发展项目、提供人才支持、整合行政区划资源等方式，制定有针对性的差别化政策措施，帮助民族地区经济总量靠后的县加快发展。

（二）在改善民族地区民生问题上作示范

1. 推进民族地区跨越发展为重点，培育特色优势产业

按照国务院批复的区域发展与扶贫攻坚规划要求，认真编制实施我省武陵山区、乌蒙山区和滇桂黔石漠化地区区域发展与扶贫攻坚规划，以推进民族地区跨越发展为重点，培育特色优势产业，促进民族地区经济社会加速发展，实现后发赶超。

2. 把民族团结进步繁荣发展示范区与扶贫攻坚示范区建设结合起来

稳步推进扶贫攻坚第一民生工程，增强连片贫困民族地区的自我发展能力。抓好武陵山区、乌蒙山区、滇桂黔石漠化地区 42 个民族自治地方县和麻山、瑶山等深度贫困区域的扶贫攻坚工作，着力解决好民族贫困地区产业不够集中连片、统筹协调发展不够平衡的问题。按照全省扶贫产业布局，在有条件的地方实施区域性连片开发，重点发

展核桃、中药材、茶叶、蔬菜、油茶、马铃薯、草地生态畜牧业、乡村旅游等扶贫特色产业，抓好民族特色旅游商品的开发、生产和销售。做大做强产业基地，扶持农产品加工企业发展，鼓励和扶持贫困农户积极从事与当地产业发展相配套的包装、运输、物流、销售等行业，发挥产业规模化效应，打造一批产业扶贫亮点。

3. 认真组织实施《贵州省扶持人口较少民族发展专项建设规划》

将毛南族和仫佬族聚居区建设成为优先发展区，努力提高毛南族、仫佬族聚居区群众的生产生活水平。

4. 全力推进扶贫生态移民工程

对居住在生存环境恶劣、基础设施极差、自然灾害频发地区的少数民族贫困人口实施移民搬迁。围绕工业化和城镇化建设的要求，开展技能培训，发展后续产业，使搬迁的扶贫对象搬得出、留得住、能发展、有保障。

（三）在推动民族文化大发展大繁荣上作示范

加强民族文化遗产保护和综合利用，支持非物质文化遗产展示、传习场所等设施的建设，建设民族文化展演中心，将其打造成对外展示宣传我省多民族文化的窗口和基地。支持民族地区国有文艺院团的改革发展，培育和扶持苗族飞歌，侗族大歌，布依族八音坐唱，水族大歌等民族文化品牌。加强濒临失传的少数民族古籍的搜集、整理和出版工作，实施好"民族古籍文献资料抢救工程"。规划建设一批少数民族文化遗产保护区，积极申报建立黔东南苗族侗族、黔南水族和黔西南布依族苗族国家级文化生态保护区，建立一批少数民族省级文化生态保护区，扶持民族地区建设各具特色的民族博物馆、展览馆。加强民族文化品牌建设，打造500个特色民族文化村寨，开展"民族艺术之乡"评选，建设民族艺术文化地标，着力打造20个贵州少数民族原生态文化系列节庆。规划建设一批既有旅游开发价值、又能展示优秀民族文化的文化产业园区和基地。重点建设黔东南苗族侗族文化产业集聚区、黔南布依族苗族水族文化与世界自然遗产地生态文化产业集聚区、黔西南布依族苗族文化与喀斯特生态文化产业集聚区，加快形成具有区域特色、市场竞争力强的文化产业群。

（四）在推动民族地区经济社会协调发展上作示范

1. 坚持教育优先发展

大力发展学前教育，到2015年力争民族地区所有城市社区和乡镇至少有1所公办幼儿园。加快民族地区农村中小学寄宿制学校建设，因地制宜扩建一批普通高中和中等职业学校，力争到2020年高中阶段教育毛入学率达到90%左右。大力支持黔南民族医学高等专科学校升格为“贵州民族医药学院”，不断提升贵州民族大学办学水平，扩大省内高校民族预科规模。在民族地区积极开展双语教育。

2. 加快卫生科技体育事业发展

加强民族地区乡镇卫生院建设，加快推进省、市（州）两级中医（民族医）医院建设。大力发展民族医药，实施以苗药为重点的民族药理论体系建设工程，统筹使用好中央和省级财政安排的中医（民族医）药资金，组织各方人才，挖掘、整理和提炼民族医药资源。加强民族新药研发及现有品种的技术提升和深度开发，打造民族药品牌，推进民族药产业做大规模。加强民族医疗卫生队伍建设，将少数民族乡土医疗卫生人才吸收到卫生事业单位工作，按照有关规定纳入编制管理。大力支持民族地区科技事业发展，推进先进、成熟的适用技术成果向民族地区扩散，加强科技特派员和星火培训工作，鼓励和支持科技人员带技术、项目、资金等到民族地区创业。大力发展民族地区体育事业，加强体育设施建设，积极抓好少数民族传统体育项目，特别是我

省独创的少数民族传统体育项目的挖掘、整理和推广。继续加强训练基地建设，推动少数民族传统体育项目进入城乡社区，在有条件的学校开设少数民族传统体育项目课程。加快推进民族地区县以下农技、卫生事业单位改革，逐步提高工作人员待遇。

3. 大力实施民生工程

逐步完善民族地区新型农村合作医疗制度的筹资方式，进一步提高参合农民的收益水平。进一步扩大民族地区养老保险和失业保险覆盖面，逐步提高民族地区城乡低保标准。加大对民族地区公共就业服务平台及州、县、乡（街道）、村（社区）四级网络平台建设的政策支持和资金投入力度。继续实施好农村饮水安全工程、城镇保障性住房、农村危房改造工程和少数民族地区串户路、通组通寨公路、便民桥等事关少数民族生产生活的民心工程。

4. 加强少数民族干部和人才队伍建设

认真贯彻落实关于少数民族干部队伍建设的有关规定，按照“数量充足、结构合理、政治坚定、素质提高”的要求，进一步完善少数民族干部培养、选拔、使用的政策措施。对发展潜力大、有培养前途、特别优秀的少数民族干部，采取特殊培养适用措施，促其尽快成长。不断完善录用、聘用国家工作人员对少数民族考生实行定向招录、加分等优惠政策，确保少数民族干部能进得来、用得上、稳得住。创新录用、招聘机制，在少数民族聚居的边远乡镇，应提高党政机关中熟悉当地少数民族语言和风俗习惯的干部比例。制定《少数民族干部教育培训规划》，建立民族干部教育培训基地，加大教育培训力度，切实提高少数民族干部队伍素质和能力。每年定期选派一定数量的少数民族干部和民族地区干部赴上级机关、省内外经济发达地区挂职锻炼，东部地区、中央国家机关、中央企业到贵州挂职、任职的干部优先安排到民族地区工作。加大少数民族干部交流轮岗力度，切实提高少数民族干部领导工作能力。制定并实施少数民族人才培养规划，实施民族地区人才支持工程，加大各类人才培养力度。加大对少数民族企业经营管理人才和科技人才，特别是高层次人才培养力度，积极依托省内外知名高校和科研院所联合培养少数民族高层次骨干人才，加快建设一支适应民族地区经济社会发展需要的懂管理、会经营、有技术的专业人才队伍。国家和我省实施的西部高层次人才培养计划、西部之光、博士服务团、贵州专门人才培训工程、院士专家援黔行动计划等各类人才及引智项目向少数民族和民族地区倾斜。促进少数民族地区建设“大学生创业园”，扎实推进选聘到村任职高校毕业生工作。

5. 高度重视民族地区党的基层组织建设

选好配强基层党组织书记，统筹推进各领域党建工作，逐步提高村（居）干部报酬和村级组织工作经费，改善民族地区基层组织保障条件。

（五）在执行民族政策上作示范

1. 坚持和完善民族区域自治制度

认真贯彻落实《中华人民共和国民族区域自治法》《国务院实施〈民族区域自治法〉若干规定》《贵州省实施〈民族区域自治法〉若干规定》。加强对民族区域自治法执行情况的监督检查，切实保障少数民族和民族地区的合法权益不受侵害。

2. 广泛开展民族团结进步创建活动

坚持不懈地开展党的民族理论、民族政策和民族法律法规以及民族基本知识的宣传教育。编写《党政干部民族理论政策与民族工作读本》，将其纳入各级党校、行政学院（学校）的重要课程。重视对青少年的教育工作，党的民族理论政策要进学校、进教材、进课堂，重点抓好民族民间文化教育项目学校建设。省内主要媒体开设民族团结

进步内容的宣传专栏，组织开展民族自治地方逢十周年庆典活动。进一步完善促进民族团结进步的激励机制，定期召开民族团结进步表彰大会。深入开展民族团结进步三级联创活动，推动民族团结进步进机关、进社区、进学校、进企业、进农村、进部队。“十二五”期间，全省建设1000个省级民族团结进步示范点，“十三五”时期进一步加大建设力度。构建立体型创建格局，市县乡要因地制宜建立起本级示范点。把贵州武陵山片区建设成为民族团结模范区。

3. 切实做好散杂居地区民族工作

认真贯彻执行《城市民族工作条例》《民族乡行政工作条例》，切实保障杂散地区少数民族的合法权益。进一步加强城市社区民族工作，建立城市少数民族流动人口服务中心，制定实施全省《关于加强新形势下城市社区民族工作的意见》。建立和完善民族事务服务体系，做好清真食品和其他少数民族特需用品的生产和供应，保障和满足少数民族在节庆、饮食等方面的特殊需要，尊重回族等10个少数民族的丧葬习俗；妥善处理影响民族关系的矛盾和纠纷，建立民族关系协调机制和监测机制，完善涉及民族方面突发事件的应急预案体系；建立与少数民族代表人士的沟通联系机制，充分发挥他们在联系群众，协助党委、政府，维护促进民族团结方面的积极作用。

第二章

六措并举推进民族团结进步示范区建设

按照中央部署，我省把民族团结进步示范区建设作为当前和未来更长一段时期内推动民族工作、促进民族团结进步事业发展的目标和方向。在国家民委的指导和关怀下，在中央其他各部委的支持和帮助下，贵州省围绕示范区建设，六措并举，全面深入持久地开展民族团结进步创建活动，探索出贵州特色的创新与实践。

第一节　政策引领，多方指导示范区创建

贵州省作为多民族聚居的省份，各民族之间团结、和谐的关系是维护贵州社会安定、经济发展和人民幸福的重要保障。

2012 年，国务院出台国发〔2012〕2 号文件后，国家和贵州省不断完善顶层设计，不断加强和完善促进民族团结进步的政策支持体系，出台了一系列促进民族团结进步的政策文件，基本形成覆盖民族工作各方面、各民族地区的较为完整、较为系统的支持政策体系，为民族团结进步事业提供了强有力的制度保障。

2013 年 1 月贵州省委出台了《中共贵州省委贵州省人民政府关于建设民族团结进步繁荣发展示范区的意见》（黔党发〔2013〕5 号），就建设“民族团结进步繁荣发展示范区”的有关政策措施提出了具体要求：在推动民族地区后发赶超、改善民族地区民生问题、推动民族文化大发展大繁荣、推动民族地区经济社会协调发展、执行民族政策这五

个方面作好示范；要求努力走出一条符合民族地区实际和时代要求的后发赶超之路，确保民族地区与全省同步实现全面建成小康社会的目标。

2014 年 12 月 22 日，中共中央、国务院印发了《关于加强和改进新形势下民族工作的意见》，从坚定不移走中国特色解决民族问题的正确道路、围绕改善民生推进民族地区经济社会发展、促进各民族交往交流交融、构筑各民族共有精神家园、提高依法管理民族事务能力、加强党对民族工作的领导这六个方面提出了 25 条意见，旨在切实加强和改进新形势下的民族工作，团结带领全国各族人民共同推进全面建成小康社会、努力实现中华民族伟大复兴的中国梦①。

2015 年 3 月 27 日贵州省第十二届人民代表大会常务委员会第十四次会议通过了全国首个促进民族团结进步的省级地方性法规《贵州省促进民族团结进步条例》（黔人常备〔2015〕5 号），并于 2015 年 5 月 1 日颁布实施。该条例是在深入贯彻 2012 年国务院国发 2 号文件中提出将贵州建设成“民族团结进步繁荣发展示范区”的精神，以及贵州省委省政府《关于建设民族团结进步繁荣发展示范区的意见》的要求背景下出台的。该条例共 38 条，积极回应了我省当前事关民族地区发展的焦点、热点问题，明确规定省级财政要加大对民族地区财政转移支付力度；在安排基础设施、扶贫开发、农村危房改造、教育保障等专项资金时，向少数民族和民族地区进行倾斜；建立健全集中连片特困地区的少数民族群众的扶贫开发机制，优先落实对口帮扶资金和项目等。此外，还将每年的 10 月定为“全省民族团结进步宣传教育活动月”，以营造民族团结进步的良好氛围。该条例为支持民族地区加快发展，促进各民族交往、交流、交融，实现经济跨越发展和社会进步提供了法制支持与保障。②

2016 年，中共贵州省委、贵州省人民政府下发了《关于支持民族

① 参见中央政府门户网站，http：//www. gov. cn/zhengce/2014-12/22/content_2795307. htm。

② 参见贵州省人民政府门户网站，http：//www. guizhou. gov. cn/xwdt/jrgz/201709/t20170925_878211. html。

自治州脱贫攻坚同步小康的意见》（黔党发〔2016〕31号文件），围绕决战脱贫攻坚、决胜同步小康的目标，按照增强民族自治州基本保障能力和提升民族自治州基本发展能力、通过下放省级经济社会管理权限实施突破性倾斜支持的“两基一突破”总体思路，提出了四个部分共60余项具体举措，加大差别化支持力度，把强化外部支持和激发内生动力相结合，切实提升自治州自我发展能力，走出具有民族自治州特色的弯道取直、后发赶超新路子。

2016年5月30日，贵州省人民政府印发了《贵州省山地特色新型城镇化规划（2016—2020年）》（黔府发〔2016〕15号），该规划有利于推动形成山水城市、绿色小镇、美丽乡村、和谐社区的多彩贵州格局，建成贵州山地特色新型城镇化示范区，走出一条有特色、集约型、多样化、可持续的贵州城镇化发展新路，对我省全面建成小康社会、加快推进社会主义现代化具有重大现实意义和深远历史意义。①

《“十三五”促进民族地区和人口较少民族发展规划》是“十三五”国家重点专项规划之一，也是新中国成立以来民族工作领域首个国家重点专项规划。贵州省有3个人口较少民族（毛南族、仫佬族、土族）、1个人口较少民族乡、77个人口较少民族聚居村纳入了国家扶持人口较少民族发展“十三五”规划范围，涉及2个自治州、8个县（市）、22个乡（镇、办）。为进一步推动我省“十三五”扶持人口较少民族发展工作，贵州省民宗委、省发展改革委牵头编制了《贵州省扶持人口较少民族发展“十三五”专项建设规划》。该规划设定了具体目标：到2017年63个人口较少民族聚居行政村全部基本实现全面小康，其余14个行政村到2020年前基本实现全面小康；到2018年底实现人口数量较少民族贫困村全部脱贫出列，到2019年前基本实现全

① 参见贵州省人民政府门户网站，http://www.guizhou.gov.cn/zwgk/zcfg/szfwj_8191/qff_8193/201710/t20171031_1078978.html。

面小康。2016 年 12 月 13 日，为切实加强对人口数量较少民族贫困村的政策扶持，实现整体脱贫，根据《中共贵州省委办公厅贵州省人民政府办公厅印发〈关于加快少数民族特困地区和人口数量较少民族发展推进精准扶贫的实施意见〉的通知》（黔党办发〔2015〕40 号）精神，省人民政府办公厅印发了《贵州省扶持人口数量较少民族贫困村整体脱贫实施方案》（黔府办函〔2016〕252 号）①。

2017 年 3 月，《贵州省“十三五”少数民族事业发展规划》获贵州省人民政府批准并实施。该规划结合全面同步小康、大扶贫、大数据、大生态、大旅游、大健康等背景，提出了“十三五”时期贵州省少数民族事业发展的指导思想、基本原则、发展定位和发展目标，从总体上描绘了“十三五”时期贵州省少数民族事业的发展蓝图。该规划指出，“十三五”时期，贵州省民族地区要围绕与全国同步全面建成小康社会的目标，努力实现经济快速发展、社会协调进步、民族文化繁荣、生态优势凸显、民主法制健全、人民幸福安康的目标。

2017 年 6 月省人大常委会审议通过的《贵州省民族乡保护和发展条例》，进一步规范了我省民族乡的撤销、合并等程序，对促进民族乡经济社会发展和脱贫攻坚做出明确规定，对于巩固我省民族团结的大好局面、全面实现省委第十二次党代会提出的“决胜脱贫攻坚，同步全面小康，实现百姓富、生态美的多彩贵州新未来”的奋斗目标，具有重要的推动作用。

为支持民族自治县和民族乡加快发展，助推民族地区决战脱贫攻坚、决胜全面小康，贵州省政府 2017 年底下发了《关于支持民族自治县和民族乡加快发展若干政策措施的意见》，按照“能放则放”的原则，向具备条件的民族自治县下放经济社会管理权限，赋予民族自治县更多的自主权，增强其统筹发展的能力。

---

① 参见贵州省人民政府门户网站，http://www.guizhou.gov.cn/zwgk/zcfg/szfwj_8191/qfbh_8197/201709/t20170925_824338.html。

少数民族特色村镇是少数民族传统文化的重要载体，少数民族特色村镇的发展对繁荣发展民族优秀传统文化和推动民族团结进步事业具有十分重要的意义。贵州省先后组织编制了《贵州省少数民族特色村寨保护与发展指导规划》《全省少数民族特色村镇保护与发展规划（2016—2020）》，明确保护发展的工作方向和目标任务，为各地开展工作提供依据。在市（州）县级层面，支持和推动各地在“十二五”期间编制500个少数民族特色村寨保护发展规划的基础上，结合实际编制本地“十三五”专项规划、廊带示范规划、特色小镇规划以及重点村寨详细规划，基本形成了较为完善的分级分类规划体系。建立健全技术指导体系，促进规范保护发展。先后出台了《关于加强少数民族特色村寨保护与发展的指导意见》《关于加强少数民族特色小镇保护与发展的指导意见》，为各级各部门提供了基本遵循。

此外，贵州还发布了《关于支持贵州侗乡大健康产业示范区建设发展的意见》（黔府发〔2015〕38号）等多个促进贵州民族地区经济建设和发展的文件。

第二节　健全机制，全面推进创建工作展开

一、建立健全多重保障机制

各自治州成立以州委书记为组长、州长为常务副组长、四大班子相关领导为副组长、县（市、开发区）及相关部门主要负责人为成员的创建示范州工作领导小组，制定长远规划和年度计划，形成了州、

县（市、开发区）和部门齐抓共管的格局；各州出台实施了《关于进一步加强民族工作、加快全州经济社会发展的实施意见》《关于建设民族团结进步繁荣发展示范区的实施意见》《创建全国民族团结进步繁荣发展示范州活动实施方案》等文件，为民族团结进步创建工作提供了有力的政策保障；把创建活动列入州委、州政府重要督查事项，每半年进行一次督查、小结，每年进行一次总结、评估，查缺补漏、强力推进，确保创建活动有序开展。

二、完善维护民族团结稳定的长效机制

以县为单位的民族团结和睦指数监测标准值达到 90 以上。定期开展民族团结稳定形势分析研判和隐患排查，建立属地管理、受理接访和化解纠纷的联动机制，把问题解决在基层，处理在萌芽状态。坚持“团结、教育、疏导、化解”方针，正确区分两类不同性质的矛盾，正确对待和处理各族群众的合理诉求和特殊需求。深入开展社会管理综合治理，依法打击破坏民族团结和边区稳定的违法犯罪活动。充实完善民族团结目标管理考核体系。加强对城市少数民族流动人口的服务和管理，切实保障城市少数民族群众的合法权益，推动城市社区民族工作的发展。

第三节　大力宣传，推动民族团结学习教育

一、规范健全学习宣传制度

贵州省各级党委、政府紧紧抓住“各民族共同团结奋斗，共同繁

荣发展”的民族工作主题，高度重视以“一法两规定”（《中华人民共和国民族区域自治法》《国务院〈实施中华人民共和国民族区域自治法〉若干规定》和《贵州省实施〈中华人民共和国民族区域自治法〉若干规定》）为主的民族法律法规、民族政策，不断修订和完善学习宣传制度，积极开展宣传教育工作。

将民族工作列入全省经济社会发展的重要议事日程，利用各级党委全委会、经济工作会、组织宣传统战工作会等统筹安排和部署学习宣传工作，每年召开各级民族团结座谈会，广泛征求和听取各族、各界人士代表对贯彻实施“一法两规定”的意见和建议，共商民族团结进步发展大计。

在民族自治地区，将《中华人民共和国民族区域自治法》等学习列入干部职工普法学习内容和领导干部任前考试内容；纳入党校（行政学校）和大中小学教学内容；纳入公务员法律知识考试和行政事业单位公开遴选及事业单位公开招考内容。

二、采用灵活多样的宣传形式

紧紧围绕“共同团结奋斗、共同繁荣发展”主题，深入开展“民族团结进步宣传月”活动，进一步推动民族团结进步“六进”活动（进机关、进企业、进社区、进乡镇、进学校、进宗教场所），深入学习中央、省、州的重大会议精神。通过深入开展社会主义核心价值体系和党的民族政策宣传教育，教育和引导广大干部群众牢固树立正确的世界观、人生观、价值观、民族观、祖国观、宗教观，树立“三个离不开”的思想，树立爱国守法意识，大力营造有利于团结稳定的浓厚氛围，为建成民族团结进步示范区奠定坚实的思想基础。

充分利用各种宣传阵地和载体将学习宣传贯穿创建工作的始终，

结合群众的精神文化需求编创了一批讴歌民族团结、群众喜闻乐见的文艺节目，利用重要纪念日、民族传统节日、农闲季节在文化广场、企业、军队、校园中开展丰富多彩、生动活泼的群众性创建活动；发放各类纸质和电子宣传资料，印制《民族区域自治法》纪念挂历、编印《民族宗教工作手册》、接受群众咨询；举办各类涉及民族区域自治制度内容培训班、举办学习研讨活动或召开专题座谈、组织开展全州性《民族区域自治法》知识竞赛；在《贵州民族报》、各级广播电视台、日报、期刊杂志等传统媒体和网络、微信、云名片等新媒体上刊发学习宣传民族区域自治法标语、播报新闻、开辟民族团结进步专栏；各级机关单位和乡镇还通过举办宣传栏、黑板报、印发简报等形式进行广泛深入的学习宣传活动，增强宣传教育的吸引力、感染力，把民族团结宣传教育融入、渗透到干部群众的生产生活和工作学习中，增进各民族的交流、沟通和团结。

三、营造民族理论研究良好氛围

一是努力营造民族理论研究积极、良好的氛围。支持党政机关、事业单位、高等院校开展民族理论研究，大力支持民族学会开展民族理论研究工作。二是加强民族理论研究人才培养。扶持民族理论和民族学学科建设，培养带头人、高层次的中青年研究人才。建立重大研究课题招标和优秀成果奖励机制，定期举办学术研讨会和讲座。三是加强民族法制理论研究。根据相关法律法规和自治地区经济、政治、文化特点，适时修订自治条例，制定推动经济社会发展的单行条例；对上级国家机关的决定、决议、命令和指示，对不适合自治州实际情况的，提出变通执行或者停止执行的意见、建议。四是促进民族理论研究创新发展。编辑出版民族理论丛书，推动具有贵州特点的民族理论发展。

第四节　开展各类活动，营造民族团结良好氛围

一、推进民族团结进步“四项教育”和“六进活动”

推进民族法律法规、民族政策、民族理论、民族知识的教育，通过民族团结进步“进机关、进乡镇、进社区、进学校、进企业、进宗教场所”这六进活动，充分发挥典型示范带动作用，以点促面，推动民族团结进步创建工作的深入扎实开展。在民族自治地区，各级各部门精心设计符合本地区、本单位、本行业的系列特色主题活动，增强创建活动的吸引力、感染力，形成深厚的创建氛围。创建领导小组办公室组织各单位、各部门开展民族政策、法律法规知识竞赛、演讲征文等活动；开展丰富多彩的宣传教育和文艺活动，弘扬优秀民族文化，促进各民族文化交流；教育部门组织各学校开展主题班会、团队活动、民族政策知识讲座、为少数民族家庭困难学生送温暖等活动。

二、深入开展民族团结进步五级联创活动

充分整合资源，形成行业配合、齐抓共管的创建局面。开展以省、市（州）、县（区）、乡（镇、社区）、村（居委会）五级联动联创活动。整合力量，把创建示范单位与各项创建活动紧密结合起来，根据具体职责和目标任务，紧密配合、相互促进，把创建活动纳入各类典型评比命名的前置条件。

三、开展争创“民族团结进步示范”先进典型表彰活动

坚持把示范带动作为民族团结进步创建工作的重点来抓，坚持示范带动，在全省范围内深入开展争创“民族团结进步示范”先进典型表彰活动。开展争先创优活动，坚持典型带动，建立创建民族团结示范单位的激励机制。每年定期表彰一批在创建活动中涌现出来的先进单位、个人，通过大张旗鼓地表彰和宣传活动来引领民族团结进步示范区创建工作的深入开展。

第五节　狠抓干部队伍建设，壮大少数民族干部队伍

按照“数量充足、结构合理、政治坚定、素质提高”的要求，认真贯彻落实少数民族干部队伍建设的有关规定，大力培养选拔少数民族干部，加强干部队伍建设，充分发挥少数民族干部在民族团结进步中的重要作用。

一、强化培训锻炼

按照稳定数量、优化结构、提高素质的要求，统筹推进各类民族干部培训。在贵州民族大学、黔南民族师范学院、兴义民族师范学院等高等院校开办了少数民族双语预科班、民族干部培训班等；在民族高中开办了民族精英班。重视农村“两委”少数民族干部培训。选派

基层少数民族干部特别是基层少数民族后备干部到先进地区挂职锻炼。加大基层少数民族干部的交流，选派机关年轻少数民族后备干部到基层任职，选拔长期在基层工作的少数民族干部到机关任职。

二、加强少数民族干部队伍建设

把少数民族干部队伍建设纳入干部队伍建设的总体规划，制定并实施少数民族干部教育培训规划，大力培养少数民族党政人才、专业技术人才、企业经营管理人才、高技能人才、农村实用人才和社会工作人才，努力培养选就一批扎根基层、热爱群众工作的干部队伍，特别是将那些政治坚定、作风过硬、群众信任、在急难危重等工作中表现突出的优秀民族干部选拔到重要岗位上来。全面提高少数民族干部人才综合素质和能力。大力推进党建工作，努力强化党的战斗堡垒作用，不断夯实民族团结进步的基层组织基础，组织、人事、统战、民宗等部门之间要加强协调与沟通，经常性地分析少数民族人才队伍建设的状况，研究制定有效措施，明确责任，建立少数民族人才库，共同做好少数民族人才培养工作。

三、提高群众工作能力

以群众工作全覆盖活动作为党员干部践行理想信念和宗旨观念的广阔平台，完善干部直接联系群众制度，党员干部经常深入基层联系点，为群众办看得见、摸得着的实事、好事，密切党同人民群众的血肉联系，提高调查研究能力，始终赢得群众的信任和拥护，倡导直面困难，解决具体问题，积极主动回应群众呼声，提高宣传群众、组织群众能力。

目前，一大批优秀的少数民族干部走上了各级领导岗位，成为各行各业的骨干力量和促进民族团结进步的重要支撑，凝聚成“一心向党、团结进步、繁荣发展”的巨大合力。

第六节　创新社会治理模式，夯实民族团结基础

一、加强民族宗教工作

一是掌握做好民族工作、处理民族问题的自身规律和特点，在共性中突出个性，努力做到各项工作相互促进、共同发展。二是加强宗教场所管理引导。坚持党的宗教工作基本方针，牢固树立“两基本”理念，依法加强宗教事务管理，引导宗教信仰与社会主义社会相适应。积极推进和谐宗教场所创建，解决宗教领域突出问题。推进宗教场所管理规范化、制度化、法制化建设。深入开展法制宣传，对广大宗教人员认真开展以爱国爱教为主要内容的党的民族宗教政策和法律、法规教育，使宗教人员自觉接受党的领导和政府管理，推动政府对宗教管理与服务“两个到位”。三是全面贯彻落实党的民族政策和法律法规。认真学习、宣传、贯彻和落实《中华人民共和国宪法》《中华人民共和国民族区域自治法》及《国务院实施〈中华人民共和国民族区域自治法〉若干规定》，不断提高各级干部依法行政的自觉性，推动政治、经济、文化等各项事业协调发展，促进社会全面进步。

二、加强民主法制建设

全面坚持依法治国方略，坚持科学立法，完善地方民族法规。全

力推进民主政治建设，加快推进民族团结事业的立法工作，为经济社会发展和民族团结进步事业提供法制保障。建立健全民族关系利益协调机制，依法、稳妥地处理好各种利益关系，教育引导各族群众把享有合法权利与依法履行义务结合起来，自觉遵守法律法规，合理表达利益诉求，依法维护正当权益，促进民族团结，维护社会稳定。

三、加强社会管理创新

以社会管理综合治理为抓手，发挥各级党委的领导核心作用，强化政府的主导作用和公共服务职能，增强人民团体、基层组织、各类社会组织和企事业单位的协同作用，不断完善党委领导、政府负责、社会协同、公众参与、法治保障的社会管理体制，推进社会管理的规范化、信息化、社会化和法制化进程。广泛动员和组织群众依法有序参与社会建设，实现自我管理。充分发挥基层网格组织在社会管理、平安创建中的作用。改进和完善服务管理模式，深化网格化管理机制，加快建立流动人口和特殊人群居住、就业、就学、就医等服务管理长效机制。加强城镇社区信息网格等基础设施建设，构建全面覆盖、动态跟踪、资源共享、功能齐全的社会管理网络和服务平台，提高社会科学化管理水平，不断适应城镇建设和新农村建设的需要。

四、维护社会大局稳定

强化“两手抓，两手都要硬”的工作原则，努力从源头上化解各种不稳定因素。建立法制化维稳机制，加强网上、网下涉稳预警性信息搜集研判，加强重点人员摸排、教育转化和稳控，坚决打击分裂渗透破坏活动；加强常态维稳能力建设，推动维稳工作由较多依靠应急处置向更好依靠长效机制转变；坚持重心下移，进一步加强专门力量建设，在农村（社区）建立群防群治队伍；依法处理危及国家安全、政治安全和各族群众根本利益的不稳定事件；依法打击各类破坏民族宗教关系、制造恶性事件的犯罪分子，切实维护民族团结和社会稳定。通过综合施策，有效控制严重刑事案件、重大群体性事件、重大公共安全事故的发生。

民族和谐汇聚民族力量，民族团结托起民族希望。创建民族团结进步示范州的工作责任重大，使命光荣。党的十九大把习近平新时代中国特色社会主义思想确立为我党必须长期坚持的指导思想，描绘了决胜全面建成小康社会、夺取新时代中国特色社会主义伟大胜利的宏伟蓝图。贵州各族干部群众将紧密团结在以习近平同志为核心的党中央周围，在贵州省委、省政府的坚强领导下，以“团结奋进、拼搏创新、苦干实干、后发赶超”的新时代贵州精神为根本遵循，振奋精神，开拓进取，扎实工作，以高昂的姿态不断推进民族团结进步繁荣发展示范区创建工作，为民族地区的社会进步和经济繁荣作出努力。

第三章

贵州民族团结进步繁荣发展示范区创建取得显著成效

中华人民共和国成立70多年来，特别是自2012年以来，贵州省创建民族团结繁荣发展示范区的工作坚持全省铺开，整省推进。2016年，铜仁荣膺“全国民族团结进步创建活动示范市”称号。2018年，黔南州、黔西南州成功创建了民族团结示范州，黔东南州也正为创建示范州而不懈努力。贵州全省6市3州88县的各级党委政府和社会各界都为示范区的创建贡献力量，已取得了较好的成效。

第一节　实现民族地区经济发展新跨越

一、国民经济高速发展，人民收入逐年增长

2012~2018年是贵州省高速发展的七年。据贵州省统计局公布的《2018年贵州省国民经济和社会发展统计公报》，2018年，贵州全省地区生产总值超1.48万亿元，增长速度连续7年均位居全国前三，年均增长率超过10%；固定资产投资1.79万亿元，是2011年的3.52倍；财政总收入2975.66亿元，是2011年的2.24倍；贵州城镇居民人均可支配收入31592元，比2011年增长了15096.99元，增幅达91.52%；农村常住居民人均可支配收入9716元，比2011年增长了5570.65元，增幅达134.38%，增长速度均超全国平均水平，与全国

的差距进一步缩小。

民族地区发展迅速。铜仁、黔南州、黔东南州、黔西南州 2018 年的经济情况与全省和全国相比，GDP 的增长速度、社会固定资产投资以及财政总收入的增长速度均远超全省和全国，城镇和农村人均可支配收入的增长速度相差不大，或与全国水平相当，或略高于全国。具体情况如表 3-1[①] 所示。

二、民族特色优势产业不断优化

近年来，贵州省推行“大扶贫、大数据、大生态”三大战略行动，创新了产业发展模式。2018 年，第一产业增加值 2159.54 亿元，是 2011 年的 2.97 倍，年平均增长率为 16.85%；第二产业增加值 5755.54 亿元，是 2011 年的 2.47 倍，年平均增长率为 13.76%；第三产业增加值 6891.37 亿元，是 2011 年的 2.61 倍，年平均增长率为 14.68%。第一、二、三产业增加值占地区生产总值的比重分别为 12.7%、40.9%和 46.4%。[②]

2013 年，贵州省政府办公厅下发了《关于落实民贸民品优惠政策推动民族地区加快产业发展的意见》。通过资格认定、帮助落实贷款等举措，支持贵州民贸民品企业，助推民族地区产业不断发展。

（一）特色农产品“黔货出山”

党的十八大以来，习近平总书记站在战略和全局的高度，提出了“走向生态文明新时代”“生态优先、绿色发展”“绿水青山就是金山

① 其中，贵州省社会固定资产投资为 1.79 万亿元，故取整数。铜仁市 2018 年尚未统计全部社会固定资产投资总额，黔东南州、黔南州、黔西南州亦无固定资产投资具体数据，仅列出相比上年度的增长率，因此这四个市州的社会固定资产投资额为根据往年测算得出。

② 根据 2011 年和 2018 年《贵州省国民经济和社会发展统计公报》计算得出。

表 3-1 民族地区经济情况

	GDP（亿元）	与 2011 年相比（倍数）	社会固定资产投资（亿元）	与 2011 年相比（倍数）	财政总收入（亿元）	与 2011 年相比（倍数）	城镇居民人均可支配收入（元）	与 2011 年相比（倍数）	农村居民人均可支配收入（元）	与 2011 年相比（倍数）
全国	900309	1.91	645675	2.08	183352	1.77	39251	1.80	13066	1.87
贵州省	14806.45	2.60	17900	3.51	2975.66	2.24	31592	1.92	9716	2.34
铜仁市	1066.52	2.98	1262.53	2.98	130.09	2.57	29422	2.16	9267	2.32
黔南州	1313.46	2.96	1505.82	3.28	216.72	3.03	31136	1.83	10721	2.31
黔东南州	1036.62	2.70	757.60	1.61	115.48	1.83	30130	1.84	9227	2.34
黔西南州	1163.77	3.10	1165.90	3.87	187.45	2.30	30407	1.79	9485	2.43

资料来源：2011~2018 年全国、贵州省、铜仁、黔南州、黔东南州、黔西南州的《国民经济和社会发展统计公报》。

银山”等新论断、新要求。这是贵州实施农村产业革命的大前提。在习近平新时代中国特色社会主义思想指引下，贵州坚定走发展山地高效农业的路子，开展农产品“裂变”行动、农产品“泉涌”行动，大力推进特色农产品“黔货出山”，把有限的土地用于种植蔬菜、茶叶、食用菌、中药材等高附加值品种，充分发挥贵州特有的资源禀赋，因地制宜，坚持生态优先、绿色发展，做亮生态底色、培育绿色动能，厚植产业基础，做大做强优势特色产业，奋力探索一条人与自然和谐、经济与生态相融的“绿色之路”。

农业产业结构不断调整。为帮助指导各地选准产业，先后印发打赢种植业结构战略性调整攻坚战，大力发展蔬菜、中药材、水果等产业和500亩以上坝区农业产业结构调整等指导意见。及时发布主要农产品价格信息和种植品种布局信息，为各地科学选择产业、合理安排种植茬口提供科学的参考依据。特色产业规模取得突破性增长。农业产业结构调整逐渐深入人心，为产业发展提供了良好的基础条件。2018年底，全省主导农业产业与2011年相比取得突破性增长。蔬菜及食用菌种植面积2101.51万亩，产量2613.07万吨，年平均增长率10.55%；园林水果产量305.32万吨，年平均增长率13.43%；茶园种植面积698.76万亩，茶叶总产量36.2万吨，年平均增长率30.59%；中草药种植面积316.70万亩。家禽出栏11759.62万羽，禽蛋产量20.03万吨，分别是2011年的1.32倍和1.47倍。

资金投入力度大，产业发展动力聚集。每年把产业发展资金纳入预算，在产业发展的基础设施、加工包装、市场开拓上加大投入，提升产业发展的能力和水平。产业发展资金向贫困地区、贫困县倾斜，80%以上分配下达贫困县，并将财政专项扶贫资金、农业生产发展资金纳入贫困县涉农资金统筹整合范围，支持贫困县根据脱贫攻坚需要统筹整合使用，为各地产业发展注入了动力。各地还通过探索实施农

业生产保险，采取“财政补一点、企业出一点”的方式购买农业保险，为产业发展保驾护航。贵阳市试点茶叶气象指数保险，为2.51万亩茶园提供风险保障2761万元，完成理赔333.3万元。黔西南州引入保险机构创新实施“农调扶贫险”，以平均每亩2000元收入为目标，上好产业抵御自然灾害、价格波动的保险屏障，让群众在农村产业结构调整中自愿“真心调、放心种”。

新型经营主体大力培育，产业带动辐射能力不断增强。截至2018年底，贵州省新型省级以上龙头企业达952家（其中国家级重点龙头企业25家），经县级以上主管部门认定的农业产业化龙头企业4183家（其中国家级25家，省级927家），与2012年相比，省级增加了700家，平均每年增加100家。省级以上龙头企业2018年销售收入达683亿元，资产总额1000亿元以上。全省在工商部门注册的农民专业合作社6.7万个，是2008年的38倍。有90%以上农业产业龙头企业与合作社、农户建立了利益联结机制。贵州新型经营主体的发展已成为保障贵州省农产品有效供给的重要主体、带动农民就业增收的重要力量。

农产品品牌影响力大幅提升。“娄山百凤”“云上贵州”等各类新型农业经营主体自主注册企业品牌、商标，长顺绿壳蛋鸡、乌蒙乌骨鸡等区域性公共品牌不断培育形成。自2013年全国名特优新农产品目录发布以来，17个粮油类、11个蔬菜类、22个果品类、12个茶叶类、2个其他类农产品进入了《全国名特优新农产品目录》。在第二届中国国际茶叶博览会上，都匀“黔叶王牌都匀毛尖”、松桃“梵净山牌苗王顶芽”等7款茶叶获得金奖。在第二届中国当代茶文化发展论坛上，“贵州茶一节一会”摘得“中国十佳茶事样板”桂冠。普定韭黄、平坝折耳根、西秀区茶叶等产品在中央电视台等媒体进行宣传。“黔山牌”“红枫牌”“金州龙”等鲜销蔬菜品牌和“老干妈”等加工蔬菜品牌的产品已销往全国各地，部分辣椒制品出口50余个国家和地区。

农产品销售渠道多方打通。推进贵阳地利农产品物流园和贵州双龙农产品物流园的建设和运行，帮助生产企业、合作社和种植户降低流通成本，打开销售通道。每年举办特色农产品交易会、辣椒博览会、果蔬产业博览会、茶产业博览会、生态畜牧业博览会等展会，在2018年贵阳国际特色农产品交易会上签约项目资金55.3亿元。2018年成功举办全省首届“中国农民丰收节”，参与农民突破200万人。组织农产品“走出去”，组织农产品经营主体参加全国农产品展销展会，到北京、上海、杭州等重点目标城市开展茶叶、蔬菜、食用菌专场推介展销。石阡县农牧局主动开展产销对接，把黄花菜、茶油、茶叶、香菇特色农产品卖到新华社各工会，签订总价值近500万元销售订单。

“三变”改革试点工作深入推进，利益联结机制不断创新。贵州省率先在全国推行的“三变”（资源变资产、资金变股金、农民变股东）改革是优化农业产业利益联结机制的“智慧策略”。以“三变”改革为统揽，进一步明确企业、合作社、村集体、贫困户在产业链、利益链中的环节和份额，帮助民众稳定获得订单生产、劳动力务工、反租倒包、政策红利、资产扶贫、入股分红等收益，实现持续增收。全省开展“三变”改革的乡镇1361个，实现涉农乡镇全覆盖。试点村7241个。通过“三变”改革试点推进，促进试点村人均增收629.3元，试点村集体村均获得收益24.1万元。

大力推广“塘约经验”，把基层党组织建在产业链上、建在合作社上、建在生产小组上，探索开展“村社合一”，基层党组织带动产业发展的能力进一步加强。据不完全统计，2018年底全省村级基层党组织25792个，开展“村社合一”11608个，5164个基层党组织建在农民专业合作社上，1651个基层党组织建在农业企业上；组织村集体各类资源入股127.96万亩、作价入股61.83亿元。村级党组织带动村集体加入合作社发展，全省311个村集体经济收入超过100万元。黔西南

州“村社合一”合作社62家。毕节市基层党组织7956个，其中建在农民专业合作社的数量为1941个，建在农业企业的数量为444个。

（二）民族特色手工业蓬勃发展

贵州少数民族众多，民族特色手工业资源丰富，近几年来，民族刺绣、扎染、蜡染、银饰、民族服饰等曾经“养在深闺”的传统民族手工艺品，日渐被人们关注和喜爱。民族特色手工业逐渐发展壮大，焕发出蓬勃生机。

制定了支持民族民间工艺品产业化发展若干政策措施，如“十三五”民族民间文化旅游商品产业发展规划，旅游商品生产示范基地认定管理办法、工艺美术大师工作室认定办法、旅游商品公共服务平台认定管理办法等，内容涵盖产业扶持政策、产业规划、创意设计、市场拓展、生产企业扶持、大师队伍培养、解决企业融资难题等内容，奠定了贵州省民族民间工艺品发展的政策基础。

连续十年举办“能工巧匠选拔大赛、民族民间工艺品设计大赛、旅游商品展销大会”［2015年“两赛一会”升格为中国（贵州）国际民族民间文化旅游产品博览会］。“十年磨一剑”，培育了一大批能工巧匠，开发出了一大批高端产品和旅游商品，也孵化催生了一大批名优企业和工艺作坊。通过以赛代训、以会创业、以展聚财的形式，让沉寂多年的民间工艺品大放异彩，让身怀绝技的能工巧匠大显身手。由此催生出具有巨大发展潜力的贵州旅游商品特色优势产业，手工产业发展的优势也日益凸显。①

为加强少数民族传统手工技艺的保护和传承，鼓励手工艺企业发展民族文化产业，进一步提升少数民族传统手工艺的知名度、美誉度

---

① 参见《贵州日报》，http：//szb. gzrbs. com. cn/gzrb/gzrb/rb/20171113/Articel07003JQ. htm。

和影响力，自2016年起，贵州省民宗委、省文联启动少数民族传统手工艺传习所命名工作。每年命名挂牌200家少数民族传统手工艺传习所，并结合贵州省委、省政府产业发展政策予以扶持发展，形成规模特色突出、带动有力、传承有效的民族传统手工艺传承基地，促进民族传统手工艺健康发展。传习所主要从少数民族刺绣、染织、银器、服装、乐器、纸画、泥石、竹木、食品等传统手工艺或生产经营的企业、合作社、研发机构以及传统工艺传承人工作室、生产作坊中产生。截至2018年底，共公布三批共600家。

着力培养民族民间工艺实用人才。在贵州省人社厅、文化厅等部门支持下，在投入大量资金培养的基础上，通过放宽参评条件、降低学历等门槛，破除参评工艺大师的文凭障碍，截至2018年，评选出工艺美术大师百余人，能工巧匠数千人。这些“能工巧匠”，发挥“名匠名创”优势，在指尖上绽放美丽，他们从普通农民成长为优秀企业家，从普通工匠成长为带动成千上万农民就业、致富一方的带头人，催生出六万余家从事民族民间工艺品传承保护、研发设计、生产销售的产业群体。

积极搭建营销平台，把农民自产自用、相互交换的工艺品发展成商品，全力推向市场，在市场竞争中成长壮大。通过到浙江义乌市取经，着手在全省建立完善民族民间特色产品和旅游商品销售网络，选择了100个高速公路服务区布局专销店、专销区，在旅游景区、景点、机场、高铁站、火车站等建设销售平台，在大中城市开设“销售一条街”，同时通过大数据手段，利用贵州商务云、淘宝贵州馆、京东贵州馆、东家手机商务网等渠道在全球范围内进行营销。引导省内热门景区研发、生产自有知识产权的标志性旅游商品，设立民博会授权销售示范网点销售。此外，通过参加深圳文博会、广东包装博览会、成都糖业烟酒会、全国书博会等渠道，广泛推介和开拓市场。

针对贵州省民间工艺产品过于自然粗放、不够适应市场需求的弱点，努力推动创意设计，使贵州民族民间工艺品和文化产品更加体现时代特征，顺应贵州省旅游井喷发展的需要，从而促进产业良性循环。积极招商引进著名服装设计大师马可到黔东南建立研发设计工作室，依托贵州大学等国内外科研院所组建了五个旅游商品研发设计战略联盟，借鉴北京恭王府“中华第一福”主题系列打造等先进经验，引进高端设计团队，对全省民族民间工艺品进行设计研发。通过政策扶持和平台搭建，促使产品走出去、企业上规模、产业上档次，不断打开更加广阔的市场空间，让订单倒逼产品创意设计和品牌质量。①

（三）少数民族地区旅游业泉涌发展

贵州素有“民族文化百花园”之美誉，全省全年民族集会、节庆多达1000余次，有代表性的主要有台江苗族姊妹节、布依族查白歌节、贵阳苗族“四月八”、三都水族端节、凯里芦笙节等；有绚丽多姿的民族歌舞，苗族飞歌、侗族大歌、铜鼓舞、芦笙舞等蜚声海内外，地戏、傩戏被誉为中国戏剧活化石；有特色鲜明的民族建筑，“干栏”式、禾榔、禾晾、寺院建筑争相斗艳，鼓楼、风雨桥、石头房、吊脚楼彰显民族瑰宝；有精湛繁多的民间工艺美术，刺绣、挑花、蜡染、漆器、陶器械、箫笛等争相斗艳。多彩的民族文化资源为贵州发展多样化的民族旅游形式提供了肥沃的土壤。近十年来，贵州省少数民族地区旅游业的规模从小到大，类型从单一到多元，已成为贵州旅游业的重要组成部分和增长点，成为推动民族地区经济社会发展的重要力量。

1. 民族地区旅游规模不断扩大

经过多年发展，贵州省形成了以民族村寨、民族集会、民族工艺

① 参见贵州省政府网，http：//www.guizhou.gov.cn/xwdt/dt_22/bm/201801/t20180110_1090106.html。

等为主体的民族旅游景区。民族地区旅游景区初具规模，并在全省旅游景区构成中占有重要地位。截至2018年底，贵州全省拥有世界自然遗产地4个，国家级风景名胜区18个，国家级自然保护区11个，国家地质公园10个，国家湿地公园45个。有A级景区数量359家，其中遵义市90个，黔东南州56个，黔南州45个，毕节市34个，铜仁市28个，六盘水市、安顺市、黔西南州分别为27个，贵阳市24个，贵安新区1个（见表3-2）。

表3-2　2018年贵州省国家级A级景区区域分布

地区	5A景区（个）	4A景区（个）	3A景区（个）	2A景区（个）	合计景区（个）
贵阳市	1	18	5	0	24
遵义市	0	25	62	3	90
六盘水	0	10	12	5	27
安顺市	2	10	15	0	27
毕节市	1	6	27	0	34
铜仁市	1	11	16	0	28
黔东南州	0	14	42	0	56
黔南州	1	8	33	3	45
黔西南州	0	8	19	0	27
贵安新区	0	1	0	0	1
合计景区（个）	6	111	231	11	359

2018年黔东南州接待旅游总人数10807.59万人次，是2011年的4.55倍。其中，接待国内旅游者10802.95万人次，比2011年增长15.6%；入境游客4.64万人次，比2011年增长11.1%，其中外国人2.02万人次，港、澳、台同胞2.62万人次。旅游总收入937.23亿

元，是2011年的5倍。

黔西南州旅游接待6338.76万人次，是2011年的8.05倍，年均增长率34.7%；旅游总收入509.01亿元，是2011年的10.67倍，年均增长率40.25%。

黔南州全年接待国内过夜游客753万人次，入境过夜游客1.47万人次。荔波大小七孔、平塘“天眼”等热门景区综合效益显著。

2. 民族地区旅游类型不断丰富

贵州民族地区的旅游以民族村寨为主的情况得到了较大改变，休闲度假产品和民族手工艺产品发展迅速，旅游产品呈现多元化发展格局，基本形成了民族村寨旅游与民族观光旅游、度假旅游、文化旅游、红色旅游、生态旅游、专项旅游相结合的多元化产品体系。适合贵州民族文化资源特点和市场需求的山地旅游、体育旅游、避暑度假、康体养生、养老养心等新兴旅游业态不断涌现。

贵州省结合民族特色优势推进旅游发展，按照“守底线、走新路、奔小康”的总体要求，在民族地区大力推进农旅融合。积极推进大健康产业带动民族地区旅游发展，促进产业融合，加快实现中药材产业“接二连三”，使资源优势转化为产业优势和经济优势，在施秉县、碧江区等地打造文化旅游健康养生宝地。抢抓国家批准贵州省实施宽带乡村示范工程机遇，在长顺、惠水、玉屏、松桃等地积极发展农村电子商务，合力打造电子商务特色村镇，推动特色农产品走向市场。

打造了民族文化与乡村旅游相结合的“西江样板”。以黔东南州雷山县西江苗寨为代表的乡村，以民族文化、红色文化、先进文化等文化资源为依托，在保护和利用传统民族文化（包含物质文化和非物质文化）的基础上，以传承和创新民族文化、发掘和利用红色文化、弘扬和传播先进文化为抓手，通过加大文化旅游基础设施投入、丰富和打造文化活动、开发文化旅游商品等手段，重点推进民族文化产品化，为游客提供心灵之旅和精神盛宴，促进民族地区、革命老区经济发展。黔东南州黎平县肇兴镇、威宁县板底乡板底村、黔东南州从江县岜沙村等民族地区乡村旅游典型案例都属于这一类型。

贵州省“旅游+”系列产业发展成效明显，如“旅游+温泉”“旅游+民宿”“旅游+商品”“旅游+文化”等项目，丰富了民族地区的旅游业态。同时，不断加快地方民族特色文化融合提升，策划推出百里杜鹃花节、荔波梅花节、安顺油菜花节、贵定金海雪山旅游节、德江傩文化艺术节、凤冈春茶开采节等多个独具浓郁乡村文化、民族特色和地域风貌的旅游文化节庆活动，形成了一批参与性强、体验内容丰富和具有深厚民族文化内涵的旅游休闲度假产品，通过系列旅游节庆活动的举办，全面激活了贵州旅游的内生动力，进一步提升了贵州旅游的品牌知名度和市场吸引力。

3. 民族地区旅游品质不断提升

贵州制定了《贵州省旅游民族村寨设施与服务规范》《贵州省乡村旅舍质量等级评定管理办法》等标准，推动民族地区旅游服务设施建设、服务流程、服务质量纳入标准化和规范化管理；加强对旅游产业经营者和从业人员的培训，强化对旅游市场的监管，切实维护游客、旅游投资者和经营者的合法权益，为发展民族地区旅游、帮助村民脱贫致富营造良好的发展氛围和市场环境；将理论与实践相结合，开展一系列旅游人才培训，提升管理人员的整体素质和从业人员的服务水平，进一步提高旅游开发实效。紧紧围绕市场需求，着力完善旅游接待，依托民族文化资源特色，加快推进“五化”建设，实现旅游环境生态化、居住文明化、餐饮本地化、服务标准化、管理规范化。让游客在自然中，真正体验到“游之乐”，欣赏到“景之美”，感受到“家之暖”，引领旅游接待品质大幅提升。

为了规范民族地区旅游开发，提高旅游服务质量，贵州省立足民

族资源特色优势，编制了将民族文化旅游纳入全省旅游宣传促销规划，瞄准环渤海、“长三角”、“珠三角”、周边省区市及港台、日韩、东南亚和欧美等重点客源市场，强化联动集中宣传和重点宣传，与中央电视台、搜狐等媒体合作，以“走遍大地神州·醉美多彩贵州”为主题，全方位持续宣传推介贵州旅游。采取“请进来”“走出去”等方式，多方位、广覆盖地进行品牌形象宣传，全力提升贵州旅游的客源市场占有率。

（四）民族健康医药产业链体系基本构建

“夜郎无闲草，黔地多灵药”。贵州生态环境良好，中药材资源丰富，医药产业基础好，尤其在中药、民族药、特色药等方面具有独特优势。近年来，贵州省着力构建“医、养、健、管、游、食”的民族健康医药全产业链体系，培育民族地区新的经济增长点与支柱产业。

1. 政策体系基本形成

在国家层面，2015 年召开的党的十八届五中全会，提出了“健康中国”的国家战略。2016 年，中共中央、国务院发布的《“健康中国 2030”规划纲要》，提出应建立体系完整、结构优化的健康产业体系。2017 年，党的十九大报告进一步提出“人民健康是民族昌盛和国家富强的重要标志”，再次明确了我国实施健康中国战略的决心和信心。

在省级层面，贵州省出台了一系列有关健康医药产业发展的扶持政策。2015 年 2 月，贵州省政府印发《贵州省健康养生产业发展规划（2015-2020 年）》《关于支持健康养生产业发展若干政策措施的意见》。同年 7 月，《贵州省大健康医药产业发展六项实施计划》（黔府办发〔2015〕26 号）印发实施。这些政策文件指出，推进大健康医药产业发展，要着力构建涵盖以“医”为支撑的医药医疗产业、以“养”为支撑的保健养生产业、以“健”为支撑的运动康体产业、以

“管”为支撑的健康管理服务产业等大健康医药产业体系；提出大健康医药产业发展三年实施计划，涉及健康养生、健康医药、健康医疗、健康养老、健康药食材、健康运动等产业，旨在将健康医药产业培育成为新的经济增长点与支柱产业。

2016年，贵州省政府办公厅下发的《关于促进医药产业健康发展的实施意见》中提出，要把贵州省建成全国重要的民族医药产业集聚区。着力发展壮大益佰、乌当、修文、清镇、龙里等医药产业园，打造贵阳医药产业圈，推动形成在全国有影响力的医药产业示范区。实现产业规模壮大、发展质量提升、发展环境改善等目标。此外，还要完善医药产业发展的政策体系和服务体系，健全质量标准。

2017年，《贵州省大健康产业“十三五发展规划”》明确以中医药、民族药为大健康产业的发展重点，打造具有全国特色的医药产业基地。[①]

2018年，《贵州省大健康产业发展新一轮六项行动计划（2018-2020年）》印发，对贵州省大健康产业链条作了进一步明确，提出要着力构建涵盖以“医”为支撑的健康医药医疗产业、以“养”为支撑的健康养老产业、以“健”为支撑的健康运动产业、以“管”为支撑的健康管理产业、以“游”为支撑的健康旅游产业、以“食”为支撑的健康药食材产业的大健康全产业链。具体提出健康医药医疗、健康养老、健康运动、健康管理、健康旅游、健康药食材等6项产业发展三年行动计划，培育全省新的经济增长点与支柱产业。[②]

2018年底，《贵州省十大千亿级工业产业振兴行动方案》明确提出将包括健康医药产业在内的十大千亿级产业，打造成为引领发展、

① 参见贵州省发展和改革委员会网站，《贵州省大健康产业“十三五”发展规划》，http：//fgw. guizhou. gov. cn/zwgk/zdgk/ghjh/201707/t20170726_2750937. html。

② 参见贵州省人民政府网，《贵州省大健康产业发展新一轮六项行动计划印发实施》，http：//www. guizhou. gov. cn/xwdt/dt_22/bm/201807/t20180724_1457032. html。

拉动增长、融合创新的支撑性、示范性、带动性核心产业。①

此外，贵州还发布了《关于支持贵州侗乡大健康产业示范区建设发展的意见》（黔府发〔2015〕38号）等多个促进贵州民族地区大健康产业发展的文件。

2. 中药民族药产业健康发展

贵州是我国四大中药材产地之一，有天麻、三七、杜仲、珠子参、艾纳香、牛黄、石斛等30多种“地道药材”。在全国统一普查的363个中药材重点品种中，贵州就有326种，占88.1%，各地州市的中药材品种均在千种以上。

近年来贵州医药行业保持稳步增长态势，中药、民族药产值占比超过70%。2018年，贵州省种植中草药316.7万亩，产量57.67万吨，规模以上生产中成药产量7.55万吨，是2011年的1.62倍。

目前，贵州省已形成以中药、民族药为优势产业，积极布局化学药和生物药，同时大力拓展产业新业态、新模式，推动医药大数据等产业发展的格局。

中药、民族药特色优势产业集聚了一批包括益佰、百灵、国药同济堂和健兴等的领军型企业等，推出了肺力咳合剂、参芎葡萄糖注射液、银丹心脑通软胶囊和丹参川芎嗪注射液等销售收入上亿的产品。②

全国最大的苗药研制生产企业——贵州百灵企业集团成功入选“2018年度中国医药工业百强系列榜单”子榜单“2018年度中国中药企业TOP100排行榜”，位列第36位。近年来，贵州百灵围绕“以民族药、苗药为核心，化学药和生物药为两翼”的发展战略，瞄准恶性肿瘤、代谢疾病、感染疾病等重大疾病领域和临床空白领域，持续投入新药研发工作，不断挖掘和开发经典验方和临床价值高的中成药

---

① 参见新华网，http：//www.gz.xinhuanet.com/2018-12/20/c_1123878739.htm。

② 参见多彩贵州网，http：//news.gog.cn/system/2018/08/28/016770007.shtml。

（民族药）。[①] 贵州太和制药有限公司、贵州维康子帆药业股份有限公司等公司亦集苗药研发、生产、销售为一体，已研发“参术胶囊”“骨康胶囊”“肿痛舒喷雾剂”等药品。

3. 贵州省民族健康医药产业特色化空间布局形成

为做大做强贵州省中药、民族药产业，贵州省现已形成省级医药园区、示范区、示范县、示范基地四位一体的民族健康医药产业特色化空间布局。如：修文医药产业园区、兴东民族大健康产业园、益佰大健康医药产业园等省级医药园区，侗乡大健康产业示范区、梵净山大健康医药产业示范区等示范区，兴义市、凯里市、大方县等示范县（市），凯里苗侗医药文化街、石阡县夜郎古温泉养生度假区等示范基地。

侗乡大健康产业示范区核心区范围涉及江洛香镇、贯洞镇和黎平县肇兴镇，依托丰富的中药材资源，重点发展太子参、何首乌等一系列中药产业，同时结合苗、侗、瑶等民族医药独特的治疗、养生、保健功效，大力发展苗族医药、侗族医药、瑶族医药，打造“养、游、医、健、食、管”的产业体系。

梵净山大健康医药产业示范区核心区范围为江口县太平镇、双江街道、凯德街道，目前示范区集聚了山河生物、同德药业、汉方集团等重点企业，未来将全面发展“医、养、健、管、游、食”六大方向，打造大健康全产业链。

三、山地特色新型城镇化水平跃上新台阶

贵州省委、省政府带领全省广大干部群众贯彻落实中央关于城镇化的各项决策部署，深入实施城镇化带动主战略，以山地特色新型城

① 参见贵州百灵网，https：//www. gzbl. com/displaynews. html? id = 3319982731576128& mdId = com_286。

镇化示范为引领、以国家新型城镇化综合试点为带动、以小城镇高质量发展为重点平台，结合贵州山地实情，积极推进山地特色新型城镇化进程，大力培育和弘扬团结奋进。

为积极探索贵州山地特色新型城镇化发展路径，全省以100个示范小城镇为抓手，通过健全工作机制、完善顶层设计、狠抓项目建设、强化以会促建、推动改革发展等做法，全省小城镇建设在镇村联动、小康创建、整县推进、特色培育、绿色发展、文化彰显等方面取得了显著成效，小城镇自我发展能力、综合承载能力、辐射带动能力大幅提升，有力助推了贵州山地特色新型城镇化的发展，为小城镇建设发展明确了方向，走出了一条欠发达地区推进小城镇建设的新路子。

城镇化率快速增长。2018年末，贵州城镇人口数量为1710.72万人，占年末常住人口比重47.52%。与2011年相比，新增城镇人口497.96万人，城镇化率增长12.56%。特别是2012~2017年，城镇化率年均增幅近2个百分点，成为改革开放40年来我省城镇常住人口增量和城镇化率增幅最为快速的时期，掀起我省城镇化大发展热潮，进入城镇化加速发展期。

城镇化质量大幅提高。以“贵州山地特色新型城镇化示范区”为引领，以国家和省新型城镇化综合试点为抓手，我省积极推进新型城镇化与区域协调、乡村振兴三大战略协同发展，强化打造城市、城镇、乡村三级城镇化平台，促进新型城镇化高质量发展。农业转移人口市民化进程加快，进城人口的社会融入性进一步增强。

城镇化布局不断优化。黔中城市群城镇人口突破1000万人，城镇化主体地位不断增强。贵阳市中心城市人口接近330万人，迈入Ⅰ型大城市；遵义市中心城区达到160万人左右，迈入Ⅱ型大城市。市（州）所在地城市陆续进入中等城市行列，盘州、兴仁撤县设市，黔西、仁怀、德江、瓮安等新型城市发展较快，100 个示范小城镇引领全省小城镇加快发展。“山水城市、特色小镇、和谐社区、美丽乡村、多彩贵州”，山地特色城镇化格局基本形成。

城镇功能不断完善。我省将城市基础设施配套、城市功能完善与生态文明建设结合，不断加大城市环境治理力度。目前，贵州城市建成区面积达到了 1477 平方千米，城市人均道路面积、供水普及率、燃气普及率、生活污水处理率、垃圾无害化处理率、人均公园绿地面积均有较大提升。全省小城镇在基础设施民生项目、产业发展、项目建设等方面得到发展，建成了一大批“8+X”项目。2019 年，县城以上生活垃圾无害化处理率和城市污水处理率分别达到 93%和 94.1%。城镇功能逐步配套，环境质量不断改善，百姓获得感进一步增强。

城镇特色不断彰显。遵义、镇远等国家级历史文化名城保护规划批复实施，公布历史建筑 458 处，上报申请核定思南县历史文化街区 3 处。小城镇特色化培训成效显著，15 个镇被住房和城乡建设部认定为中国特色小城镇。遴选出 15 个传统村落开展省级示范打造，开展 21 个县整县推进传统村落公共传统建筑加固修缮示范县工作，全力打造中国传统村落品牌。梵净山列入《世界遗产名录》，成为我省第 4 处世界遗产，我省成为全国世界自然遗产最多的省份。

民族特色村镇建设效益显现。近年来，贵州省投入少数民族发展专项资金 1.6 亿元，着力实施“1151”保护与发展计划，即重点建设 10 个民族特色小镇、10 个示范廊带、500 个民族特色村寨，命名 1000 个民族特色村寨。截至 2018 年末，全省 213 个民族特色村寨被国家民委命名为“中国少数民族特色村寨”，数量居全国第一，已取得良好的经济效益与社会效益。

下一步，贵州将紧紧围绕 2020 年“全力脱贫攻坚、全面同步小康”的战略目标，积极发挥新型城镇化试点的引领作用和小城镇建设

的基础作用，努力走出一条“以人为本、四化同步、优化布局、生态优先、文化传承”的贵州山地特色新型城镇化道路。①

第二节 实现民族地区民生大改善

一、基础设施建设成绩显著

2012年国发2号文件中，将贵州交通战略定位为“西南地区重要陆路交通枢纽”。贵州历届省委、省政府领导始终把交通基础设施建设放在优先位置，加快构建连通内外、覆盖城乡的现代综合交通运输体系，基本建成了“覆盖全省、通达全国、内捷外畅、无缝衔接”的综合交通运输体系，彻底改变了贵州交通闭塞的困境。

（一）交通基础设施建设全国瞩目

1. 贵州公路建设

（1）县县通高速公路。2013年，贵州实施高速公路建设三年会战。2015年底，全省高速公路通车里程达到5100千米，实现了全省88个县（市、区）“县县通高速公路”目标，是西部地区第一个实现“县县通高速公路”的省份，全国为数不多实现“县县通高速公路”的省份之一。路网密度达到2.9千米/百平方千米，在西部地区位居前列，形成了15个出省通道。向东，将打通连接长三角的高速通道；向

① 参见人民网，http://gz.people.com.cn/n2/2018/1228/c194827-32464999.html；http://www.guizhou.gov.cn/xwdt/jrgz/201901/t20190106_2174079.html。

西，建设通向东盟的国际高速大通道；向南，通过高速通道融入珠三角；向北，实现与成渝经济区、古丝绸之路的高速连接。贵州与外界的联系由此实现无缝对接。

在2015年实现县县通高速公路基础上，继续实施高速公路建设攻坚决战、五年决战。2016年以来，累计开工建设都匀至安顺、三都至荔波、平塘至罗甸等贫困地区高速公路项目26个2179千米（总投资3360亿元），建成1104千米，分别占全省开工总规模和建成总规模的93.4%和83.4%。到2018年底，贫困地区高速公路通车总里程达5229千米，占全省通车总规模6452千米的81%；在建高速公路29个1976千米（总投资3582亿元），总规模占全省的95%。高速公路打开了民族地区致富的大门，加速了民族地区的经济社会发展，为“一带一路”“长江经济带”“乡村振兴”等国家战略及我省“大扶贫、大数据、大生态”战略实施提供了保障。

（2）村村通沥青（水泥）路。一直以来，贵州省委、省政府高度重视农村公路发展。2013年，启动实施了“四在农家·美丽乡村”基础设施建设，涵盖“小康路、小康水、小康房、小康电、小康讯、小康寨”六项行动计划。其中，小康路行动计划被列为重中之重，计划到2020年建设总投资达1068.62亿元。2015年9月，贵州省委、省政府投资400亿元，启动农村公路建设三年会战，并全力推进向“走得好”转变。省政府办公厅下发《关于深入推进“四好农村路”建设的实施意见》，助推建好、管好、护好、运营好农村公路，建立结构合理、功能完善、畅通舒美、安全便捷的农村公路体系。

自实施“四在农家·美丽乡村”小康路行动计划、全省农村公路建设三年会战和“四好农村路”建设以来，贵州省农村公路发展效果显著。2012年底，提前三年实现了具有里程碑意义的100%乡镇通沥青（水泥）路、100%建制村通公路；2015年底，实现了75%的建制

村通硬化路；2017 年底，贵州在西部率先实现 21817 个建制村 100% 通沥青（水泥）路、100%通客运的“双通”目标，全省农村公路通车里程达到 16.2 万千米。其中县道 3.4 万千米、乡道 4.6 万千米、村道 8.2 万千米，成为西部第 1 个、全国第 14 个实现村村通沥青（水泥）路、第 10 个实现村村通客运的省份。农村出行条件逐步由“走得通”向“走得快”“走得安”转变。农村公路成为贵州农民群众获得感最强、支撑脱贫攻坚和同步小康成效最突出的农村基础设施项目。

（3）组组通硬化路。2017 年 8 月在全国率先启动农村“组组通”硬化路三年大决战，计划到 2019 年建成通组硬化路 7.87 万千米，实现 3.99 万个 30 户以上自然村寨 100%通硬化路，进一步实现通组硬化路由“通不了”向“通得了”“通得好”转变。两年多来，按照“五步工作法”的要求，全面推进农村“组组通”硬化路决战。

截至 2019 年 3 月中旬，累计建成通组硬化路 7.81 万千米，累计完成投资 457.45 亿元，沟通 30 户以上较大人口自然村寨 38507 个，通畅率从 2017 年 6 月的 68.9%提高至 98.94%，沿线受益群众达 1167 余万人。农村“组组通”硬化路的建成，改善了各民族群众出行条件，美化了村容村貌，方便群众运出了资源、换回了钞票，加快了市场经济发展。科技种植养殖、电商服务平台等技术沿路地传播，增强了农民创业致富的积极性，有效带动了农村特色产业快速发展。

公路交通运输的快速发展，结束了广大群众望路兴叹的漫长历史，畅通了客运和物流，有效带动了产业蓬勃发展，切实发挥了“修成一条公路、带动一片产业、致富一方百姓”的循环效应，呈现出“一路通、百业兴”的景象。

2. 贵州铁路建设

“十二五”以来，贵州铁路建设高速发展，尤其是高速铁路从无到有、运营里程从少到多、客运速度从慢到快，消除了区域壁垒，促进了各民族地区的经济发展。

（1）贵州打响“铁路建设大会战”。2013年12月，贵州省出台的《贵州省铁路建设大会战实施方案》要求，铁路建设应扩大规模、完善布局、提升质量，以建设贵阳连接周边省会和全国主要经济区的高速铁路通道为重点，加快推进贵阳连接各市（州）中心城市高速铁路建设，结合产业发展和布局，建设连接相邻市（州）中心城市、资源开发性区域等铁路，尽快形成能力强大、布局合理、技术先进、功能完善、便捷通畅的现代化铁路网络，构建15条通江达海出省的铁路大通道，推进铁路科学发展、安全发展、可持续发展，早日建成西南重要陆路交通枢纽，为贵州与全国同步全面建成小康社会提供坚实的交通运输保障。

“铁路建设大会战”期间，贵州铁路建设投资保持高位运行，累计完成投资1996.89亿元。截至2018年底，贵州铁路营业里程达到3560千米，客运量达到6761万人，均是2011年的1.72倍。

（2）贵州高铁“从无到有”迅猛发展。自《贵州省铁路建设大会战实施方案》《省人民政府关于加快铁路建设的意见》下发以来，贵州省抢抓国家深入实施新一轮西部大开发、改革铁路投融资体制、加快中西部和贫困地区铁路建设等新机遇，举全省之力掀起铁路建设新高潮。

2014年贵州第一条高速铁路——贵广客运专线的开通将贵州正式推进“高速铁路时代”。截至2018年底，全省高铁运营里程达到1262千米，贵州高铁网络版图不断扩容，构建形成了贯通长三角、珠三角、京津冀和川渝滇等地区2~8小时的高铁交通圈，辐射周边近4亿人的消费市场，彻底改变了过去不临海、不临边、不临江的内陆省份交通区位劣势，重塑贵州陆路交通枢纽地位，为全省的经济社会发展按下“快进键”。高速铁路加快了贵州大通道的建设形成，贵州出境出省、对外通达能力将不断提升，西南重要陆路交通枢纽地位将逐步实现。

伴随贵州高速铁路的快速建设，高速铁路实现了与高速公路的并驾齐驱，在贵州交通网络中的地位日益凸显，并催生了贵州交通方式新革命，倒逼贵州航空运输转型升级。高速铁路的发展，进一步优化了区域经济的布局，使全省各经济区域优势更加显现、区域合作领域更加广阔、省际联动更加顺畅。高速铁路的发展，带动了山地城镇化发展，促进了贵州山地城镇化思路转变、目标调整、布局优化和水平提升，促进了贵州旅游经济“井喷式”增长，成为贵州旅游提速提质发展的传送带，让更多的世界人民认识贵州、深入贵州。新时代贵州将抢抓高铁发展新机遇，构建高铁网络新格局，打造“高铁+”产业新体系，搭建高铁开放新平台，完善高铁新机制，不断开创多彩贵州高速铁路发展新未来。

3. 贵州民航运输

贵州省地处中国西南腹地，是西南地区交通枢纽，贵州省高原山地居多，是全国唯一没有平原支撑的省份。“十二五”以来，贵州大力推进通用航空业发展，明确全省“一干十六支”机场发展布局，积极建设国家级临空经济示范区，加快发展通用航空、机场的产业聚集效应、辐射带动作用和临空经济价值，推动了贵州经济高质量增长、高速度扩张。2013~2018 年，贵州全省旅客吞吐量由 1125.5 万人次增长到 2799.51 万人次，增长了 148.73%。贵阳龙洞堡国际机场旅客吞吐量 2018 年完成 2009.47 万人次。

近年来，贵州加大了对支线机场的建设投入，支线机场实现“井喷式”增长。截至 2018 年底，贵州省已建成通航 11 个运输机场，形成了“一枢十支”9 个市（州）全覆盖的机场布局，“一枢”为贵阳龙洞堡国际机场，“十支”分别为铜仁、黎平、兴义、遵义新舟、安顺、六盘水、毕节、荔波、黄平机场、遵义茅台机场，其中遵义市、黔东南州分别有 2 个机场。按机场数量与国土面积占比计算，贵州省达到了每万平方千米约 0.62 个机场，高于全国平均水平，是西南地区机场分布密度最高的省份，超出全国平均水平的 1.6 倍。2018 年，贵州支线机场中突破 100 万人次的就有遵义新舟机场（203.37 万人次）、铜仁凤凰机场（127.66 万人次）、毕节飞雄机场（121.66 万人次）、兴义万峰林机场（112.09 万人次）、遵义茅台机场（100.55 万人次）5 个。民航货邮吞吐量持续增长，由 2013 年的 7.09 万吨增长到 2018 年的 11.80 万吨。

贵州航班航线开发大步拓展，航线网络结构不断完善、航点通达性不断扩大。传统航线布局进一步优化，“一带一路”沿线城市进一步加密，实现在东北亚的日本、韩国以及东南亚的新加坡、泰国、马来西亚等国家的重要航线全覆盖，2017 年开通了米兰航线，实现洲际航线“零突破”。机场综合保障能力和运行品质也大幅提升。

4. 贵州水运交通

2011 年以来，尤其是在党的十八大以后，贵州省内河航运事业全面提升。2011 年 4 月 28 日，贵州第一艘千吨级机动船“金州一号”在北盘江白层码头正式下水。这是千吨级机动船首次在贵州航道上下水，同时也改写了贵州高等级航道无贵州自己建造的千吨级船舶的历史。2014 年底启动的“水运建设三年会战”，累计完成固定资产投资 75.27 亿元，是会战前贵州省水运投资总和 37.25 亿元的 2 倍多，位居全国 14 个非水网省（市）第 1 位，成为贵州历史上水运投资增速最快的时期。第一批 500 吨级升船机、第一台机组并网发电、西部第一个翻坝运输系统工程、贵州第一条旅游航道工程、全国第一个内河航运博物馆——贵州航运博物馆（习水土城）等标志性工程的建成，开创了贵州水运建设发展的多项第一。2017 年 1 月 5 日，断航 13 年的乌江“黄金水道”全线通航，结束了贵州“不沿边、不沿海”的历史。

2011~2018 年，贵州水运交通建设投资持续保持高位运行，从

2011年的2.8亿元增长到2018年的13.1亿元，8年水运建设完成投资累计135.1亿元，2019年1~2月，贵州水运固定资产投资13069万元。内河航运里程持续增加，由2011年的3563千米增加到2018年的3745千米，其中全省高等级航道突破900千米。水运建设使得水运网络不断完善，实现通江达海，加快贫困地区货物人员流动和周转，为脱贫攻坚奠定了基础。截至2018年底，全省通航里程达3745千米，其中高等级航道里程突破900千米，位居14个非水网省（市）第1位。

（二）民族地区水利建设稳步推进

1. 水利工程建设

2011年起，贵州全面实施骨干水源工程、引提灌工程、地下水（机井）利用工程水利建设这“三大会战”，“四在农家·美丽乡村”小康水行动计划，水利建设三年行动计划，大力推进饮水安全、防洪抗旱减灾，农田水利、水资源开发利用与保护等工程建设，着力改善水利基础设施条件，全面提升城乡供水保障能力，为同步建成小康社会、创建民族团结进步示范区提供坚实的水利支撑。“十二五”以来，贵州水利建设投入持续高位运行，8年累计投入建设资金2230.59亿元，年均增长18.28%，其中2015~2018年连续四年每年投资超过300亿元。

加快农田水利工程建设。“十二五”期间，贵州省实施小型农田水利重点县建设、大中型灌区续建配套与节水改造、规模化节水灌溉增效示范项目、山区现代水利试点探索等项目建设，全省新增及恢复耕地面积431.15万亩。“十三五”以来，贵州省大力实施小塘坝、小渠道、小泵站、小堰闸、小水池的“五小水利”工程建设，实施盘江等大中型灌区续建配套与节水改造、小型农田水利重点县建设、规模化节水灌溉增效示范等项目，农田灌溉水有效利用系数从2015年底的0.451提高到2018年底的0.472。

2. “水网会战”专项行动

为实现“市州有大型水库、县县有中型水库、乡乡有稳定水源”，确保防洪安全、供水安全和生态安全的目标，贵州实施了“水网会战”专项行动。

贵州“水网”构建总体思路是，统筹考虑贵州省地形地貌条件和城乡经济社会发展总体布局，分区域、分层次、分步骤，以具备较强调蓄能力的大中型水库（含水电站）为龙头，以中小型水库为节点，以骨干水源配套的输配水工程、“河—河”“河—库”“库—库”连通工程、天然河道为主网；以城乡供水管网、灌区田间工程、农村饮水安全管网等连接用水户的输配水工程为次网；以监测控制体系建设作为管理手段，共同构建互联互通、系统完善、安全可靠的现代水网，有效提高水资源综合调配能力，形成区域水安全保障体系。

目前，贵州省已建成大中小型水库2600多座，点多、面广、线长，全省水网龙头和节点水库建设已取得初步成效。“十三五”期间，续建了夹岩、马岭2座大型龙头水库及156座中小型节点水库，新开工了黄家湾、凤山2座大型龙头水库和221座中小型节点水库。截至2018年底，全省中型水库投运的县达到74个，全省水利工程设计供水保障能力达120.8亿立方米。

3. 民族地区水生态治理

贵州省大力实施坡耕地综合治理、重点小流域治理及农业综合开发水土保持等项目建设，共治理水土流失面积11529平方千米。在黔南州、黔西南州等地开展水生态文明试点建设，实施了威宁草海下游河湖连通、龙里县城区水系连通、赤水市湖库连通等一批河湖连通工程，促进了民族地区的水生态治理和修复。

加强中小河流和病险水库治理。“十二五”期间，贵州省实施中小河流治理项目454个、大江大河支流治理项目2个，其中在三大片区实施中小河流治理项目394个、大江大河支流治理项目2个，占比分别为87%、100%。综合治理河长1084.1千米，保护人口457.8万人，保护耕地面积109.1万亩；全省治理病险水库934座，其中三大片区治理病险水库835座，占比89%，恢复库容1.5亿立方米，新增供水能力0.36亿立方米；建设和完善了贫困地区所有县（市、区）山洪灾害防治县级监测预警平台。

4. 农村饮水安全工程建设

“十二五”期间，贵州省实施“四在农家·美丽乡村”小康水行动，全省累计解决了1500万农村人口及学校师生的饮水安全问题。“十三五”以来，贵州省大力实施农村饮水安全巩固提升工程，通过新建、改造、升级、配套、联网等工程措施和加强运行管理能力建设等非工程措施，全力推进农村饮水安全巩固提升工程的实施，2016~2018年全省累计解决167.09万农村建档立卡贫困人口和278.86万农村非贫困人口的饮水安全问题。2018年8月，省委、省人民政府印发了《关于深入实施打赢脱贫攻坚战三年行动发起总攻夺取全胜的决定》，省委办公厅、省人民政府办公厅印发了《贵州省全面解决农村饮水安全问题攻坚决战行动方案》。截至2019年4月，解决143万农村人口的饮水安全问题（占计划数279.54万的51%）。

（三）民族地区电力、信息、物流设施建设成效显著

1. 农村电网改造升级

围绕“安全可靠、智能绿色”的目标全力开展“小康电”建设，贵州实施了小康电行动计划，大力推进农村电网线路提档升级，在一定程度上解决了农村配电网线路偏长、容量偏小的问题，提升了农村

电网电压质量。截至2018年底，全省累计完成了投资201亿元，基本确保全省乡村户均配变容量达到2千伏安，实现了“生活用电不愁、农村动力用电不愁、电能质量基本保障”。全年改造农村电网10千伏线路2933千米，开工建设500千伏威宁输变电工程，电力装机总容量突破6000万千瓦，基本形成“三横一中心”500千伏主网架，电网投资完成140亿元。2013～2018年，全省新增电力装机容量1800万千瓦、总装机容量达5810万千瓦，建成了500千伏“日”字形环网。实现用户平均停电时间小于8.76小时；实施农村用电公共服务均等化工程，实现城乡居民半小时交费圈覆盖90%以上的乡镇，截至2018年底，全省已建成“村电共建”“省心柜台”等城乡便民电费服务网点，城乡居民半小时交费圈覆盖了64%以上乡镇，村民还能通过“支付宝”“微信”“银行代扣”等多种方式交费，很好地解决了边远山区“路费比电费贵”的问题。

全省不断加大投入，将农村用电质量不高的问题全部纳入新一轮农村电网改造升级范围，已累计完成“小康电”投资超过250亿元，“小康电”项目受益群众达1270万余人。实施理顺电网管理体制工程，实现全省农村电网改造升级工程全面推进；实施农村电网电压质量提升工程，实现农村居民端电压合格率达97%。

2. 网络信息建设全覆盖

2012年以来，贵州围绕贵州大扶贫、大数据、大生态三大战略行动，大力推进信息化基础设施建设。

2014年11月21日，贵州省人民政府出台了《省人民政府关于印发〈贵州省信息基础设施建设三年会战实施方案〉的通知》（黔府发〔2014〕31号），提出通过开展信息基础设施建设三年大会战、“满格贵州”和“小康讯”等建设，稳步推进农村互联网基础设施、信息传输通道、信息化服务能力建设，积极推动通信网络向农村地区深度覆

盖，提升贫困村移动通信网络承载能力和接入能力。2017年底，全省通信光缆达到90万千米，行政村实现100%通4G网络、98%通光纤。截至2018年11月，全省完成了城乡光纤到户改造，实现了12000个自然村4G网络覆盖，所有行政村通4G和光纤，通信网络能力不断增强，信息化水平得以进一步提升。全省通信光缆达到96.8万千米，互联网出省带宽达9130Gbps，行政村光纤网络、4G网络全覆盖，信息基础设施投资完成120亿元。

3. 电商物流体系打造

贵州依托龙头电商企业建设线上线下互动融合的社区电商体系，加大电商物流基础设施建设，打造了全省农村电商物流体系。在多方政策和资金的支持下，在民族地区建立了农村电子商务示范站（点），推动了民族地区电子商务发展。

2017年8月，贵州省人民政府办公厅出台了《省人民政府办公厅关于印发贵州省发展冷链物流业助推脱贫攻坚三年行动方案（2017—2019年）》。2017~2019年，贵州省发展与改革委员会每年安排省预算内资金3000万元，并整合商务等部门有关资金，用于冷库建设项目补助和“绿色农产品冷链专车”购置补助，加快培育形成一批带动能力强、辐射面广的示范龙头企业，完善全省冷链体系。培育贵州省商贸物流标准化示范基地（项目），并积极做好商贸物流标准化工作。

发挥大数据优势，进行“商务业务大数据系统”建设，共享全省商务系统大数据资源，实现电商数据实时分析，并指导产品结构调整，补齐电商物流短板。截至2018年底，已上线重要产品追溯系统、开发区云平台、成品油监控管理、外贸企业监管监测管理系统、商务流通基础信息填报系统、贵州省农商互联大数据公共服务平台、冷链信息系统等。

“电商云”等本土电商公司免费为企业提供B2C、B2B、微商城等电商交易平台。截至2018年6月底，其自建B2C平台——那家网，通过汇聚贵州省优质企业和产品，为“电商云”公司所有业务提供产品资源支持，免费为贵州3000余家传统企业提供电商交易平台，涵盖全省88个县，库存量单位（Stock Keeping Unit，SKU）总数达到20409个，其中在售产品10180个。

同时，引入国内大型电商平台入驻。先后与阿里巴巴、京东、苏宁等国内知名大型电商平台签订战略合作协议，建设三级公共服务体系。截至2018年底，阿里巴巴已在贵州省37个县（市、区）开展了农村淘宝项目，京东集团开设了56个京东帮服务点，苏宁易购开设了60余个直营店。

搭建县、乡（镇）、村三级服务网络，将电商终端延伸到农村。2018年，全省3个市（州）、22个县（市、区）入围“2018年国家级电子商务进农村综合示范县”。

截至2018年底，贵州省共建成电商服务站点10220个，其中乡（镇）级服务站点1674个，覆盖率超过80%；村级服务站点8546个，覆盖率超过51%；快递物流公司共建成物流站点8875个，全省物流覆盖率超过60%。组织了175场农商互联对接会及田头对接活动，参加人数共计45.64万人，对接金额共计119.15亿元。

二、民族地区人居环境日益改善

2013年以来，贵州省委、省政府认真贯彻落实“四在农家·美丽乡村”小康行动、乡村振兴战略等，进一步加强领导、强化协作、积极创新，在民族地区因地制宜、因族施策上下功夫，着力打造人居新环境、建设美丽新农村。

农村危房改造工作成就瞩目。危房改造与改圈、改厨和改厕“三

改”有机结合。十年间，贵州省投入到危房改造的中央、省、市、县四级财政资金累计达349.07亿元，完成农村危房改造共计324.89万户，贵州特色的农村住房安全保障体系初步形成。

“十三五”以来，贵州省“四在农家·美丽乡村”小康行动累计完成投资1445亿元。截至2019年3月中旬，累计建成通组硬化路7.81万千米，累计完成投资457.45亿元，沟通30户以上较大人口自然村寨38507个。从2011年到2018年，贵州省解决了1500万农村人口饮水安全问题，共投入水利建设资金超过2200亿元。截至2018年底，全省已建成“村电共建”“省心柜台”式城乡便民电费服务网点，城乡居民半小时交费圈覆盖了64%以上的乡镇，“支付宝”“微信”“银行代扣”等多种方式交费并行，很好地解决了民族边远地区“路费比电费贵”的问题。

2018年，贵州人居环境整治三年行动启动。通过“十百千”示范工程（10个示范县、100个示范乡镇、1000个示范村）的示范和带动，以“六治、六建、六改、六化”① 为抓手，完成600个行政村环境综合整治，村庄乱堆乱放、乱贴乱画、乱搭乱建情况基本清除，村庄绿化建设稳步推进。完成营造林520万亩，实施退耕还林350万亩，新增高效节水灌溉面积18万亩。城市（县城）污水、生活垃圾无害化处理率分别提高到91.5%和90.8%，万元生产总值能耗下降超过4%。整治背街小巷164条、老旧小区50个。建成200个生鲜（平价）超市，完成投资2.5亿元。

大力推进“厕所革命”。2018年贵州省建设改造93.7万户农村户用无害化卫生厕所，新建改造5320个村级公共卫生厕所，完成投资

① 六治，即治垃圾、治污水、治乱堆乱放、治乱搭乱建、治安全隐患、治农户房前屋后；六建，即建垃圾处置工程、建党群服务中心、建卫生室、建生活污水处理试点、建文化活动休闲广场、建便民超市；六改，即改路、改房、改厕、改厨、改圈、改水；六化，即硬化、绿化、亮化、净化、美化、便民化。

78.58 亿元。新建改造 881 个旅游厕所，完成投资 4.64 亿元。新建改造 725 个城镇社区公共卫生厕所，完成投资 3.13 亿元。

村庄规划实现全覆盖，山水、田园、林地和村庄有机融合，不断探索形成了诸如黔北民居、黔东南民居等具有地域特点、民族特色、文化特征的贵州民居新样板。

经过几年的努力，全省人居环境得到明显改善，厕所革命、村镇垃圾与污水治理稳步推进，村容村貌得到较大改善。

三、民族地区医疗卫生事业长足发展

2011 年以来，贵州省大力推进基本医疗保障制度，出台了大量有关医疗保障的文件和政策，通过加强基层卫生服务能力建设、推广“新农合”医疗保险制度，以及开展多种形式的医疗救助，有效地解决了民族地区人民群众的就医难题。

贵州省委、省政府及原省卫生和计划生育委员会相继出台了一系列通知及文件，通过实施“百院大战”和“五个全覆盖”等措施，切实完善各地医疗硬件设施，加快推动医疗卫生优质资源逐步下沉。

2011~2017 年，贵州省医疗卫生机构数量不断增加，医疗卫生服务能力不断提升，基层医疗资源不断充实。卫生机构数量从 2011 年的 5683 个上升到 2017 年的 28053 个。县级及其以上医院数量从 2011 年的 621 个上升到 2017 年底的 1270 个。其中，综合医院的数量从 2011 年的 472 个增加至 2017 年的 940 个，数量上均增加了约一倍。

截至 2018 年底，实现了深度贫困村卫生室规范化建设全覆盖，实现了全省易地扶贫搬迁安置区卫生室建设全覆盖，实现了农村中小学校医务室标准化建设全覆盖，实现了全省县级以上妇幼保健机构远程医疗全覆盖。县级以上妇幼保健机构融入省、市、县、乡四级远程医

疗服务体系，实现了全省疫苗数字化监控系统建设全覆盖。

贵州作为全国首批远程医疗政策试点省，以“大数据+远程医疗”为载体，搭建了全省统一的医疗卫生专网和远程医疗服务平台，推动优质医疗资源下沉，并将相关费用纳入医保和新农合报销范围，确保各族群众“就近看病、看得起病”。按照“一网络、一平台、一枢纽”的技术架构，建成全省统一的远程医疗服务管理平台，创新实施、全面建成了乡镇卫生院远程医疗服务体系——“乡乡通”。将远程医疗服务体系向全部乡镇卫生院和社区卫生服务中心延伸，形成了覆盖省、市、县、乡的四级公立医疗机构远程医疗服务体系。在国内率先建成覆盖省、市、县、乡四级公立医疗机构、外联国家和省外优质医疗资源的远程医疗服务体系，率先在全国出台了远程医疗服务管理办法及实施细则。2016~2018 年底，贵州省远程医疗服务总量有 41.8 万例，2018 年达 23.6 万例。通过远程医疗，累计节约医保费用、群众自付医疗费用及外出就医产生的交通费、食宿费、误工费等费用约 3.8 亿元。2018 年，贵州省完成远程医疗业务总量 23.6 万例，远程培训 130 场共计 15.4 万人次，远程视频接入设备 1543 套。2019 年，在巩固四级远程医疗体系建设成果的同时，全面开通使用省、市、县、乡四级公立医疗机构远程医疗专网，实现数字化医疗设备 100%接入远程医疗服务管理平台，推动远程医疗服务向村延伸。

四、民族地区教育发展进入崭新阶段

为支持民族地区的教育，国家实施优先扶持发展战略，各级各部门出台了诸多相关优惠政策，采取了不少有效措施，使贵州民族地区的教育事业得到了长足的发展，尤其是 2012 年以来，贵州民族教育的发展上升到了一个崭新的阶段。

完善民族教育发展的政策措施。2016年，贵州省出台了《贵州省加快民族教育发展实施意见》，提出了将民族团结教育、双语教学、“双百工程”、民族民间文化教育、少数民族人才培养、民族高校学科建设等作为之后五年的工作重点。

规范少数民族教育专项资金的管理。2016年，贵州省民宗委、省财政厅根据贵州省省级财政资金管理的有关规定，结合贵州民族工作实际，共同制定下发了《贵州省省级少数民族教育专项经费管理办法》，主要用于解决少数民族和民族地区教育发展中的特殊困难和特殊问题等方面的支出，其使用范围包括发展少数民族和民族地区教育的支出；改善民族地区农村学校办学条件的补助支出；解决少数民族教育设施建设的补助支出；民族文化传承保护的支出；民族民间文化教育建设、教材编撰、师资培训和成果展示的支出；各类院校民族特色专业、民族预科班、民族寄宿制班、民族特色班等的补助支出；“双语”教育、“双语”人才培养、教材编译及出版的补助支出；民族教育工作的其他补助支出。

促进民族教育创新发展，推动教育资源向民族地区倾斜。扶持示范性高中民族班、民族预科班办班，扩大双语预科招生规模。2015年双语预科招生5个班共计250人，2016年录取400人，2018年招收民族预科班17个（含双语预科班），招收双语预科生共计700人，涉及全省11所高校。

开展民族教育“双百工程”，支持民族特色学科建设，加大民族民间文化教育项目学校办学支持力度。2018年，对第二批开展民族教育“双百工程”的项目学校实施项目督导，评审认定第三批项目学校20所、名师20名。

开展民族文化进校园活动。举办民族民间文化进校园培训班，在各级各类校园开展“五个认同”教育工作，开展民族文化进校园示范

学校挂牌工作。

支持民族地区职业教育和高等教育发展。支持涉及民族教育的名师工作室、创新团队、重点专业建设。与国家民委共建贵州民族大学，与铜仁学院、黔南民族师范学院、兴义民族示范学院等高校签订协议，进一步推进民族地区高等教育共建工作。

做好民族语文和民族语言相关工作。大力推进“双语和谐”示范工作和语言文化建设，推进双语人才队伍建设和双语服务社会化，推进双语教育发展。加强民族古籍抢救保护工作，编纂《苗汉英大词典》，开展少数民族语言调查及数据库建设工程。举办“贵州省双语和谐环境建设骨干培训班”。2016 年，开展布依族、侗族、水族、彝族等民族语文培训共计 1000 多人（次）。2018 年，完成了苗族、布族、侗族、彝族、水族、瑶族这 6 种民族语言共计 8000 余人的双语预科生民族语言测试工作。

深入实施民族古籍抢救保护计划，挖掘整理精品古籍，加强各民族口碑古籍和文献古籍的征集抢救保护，做好少数民族古籍传承人的普查、保护和民族古籍人才的培训工作。出台了《民族古籍抢救保护项目管理试行办法》《贵州省少数民族珍贵古籍名录定级标准》及评选办法；制定了贵州民族古籍“十三五”发展规划；出版了贵州少数民族古籍经典系列丛书；与省内高校共建民族古籍研究基地，制定了民族古籍整理抢救保护“十三五”规划。

五、民族地区社会保障体系逐步完善

2012 年以来，贵州省着力打造融合养老保险、医疗保险、社会救助、就业创业为一体的社会保障体系，筑牢各族群众民生底线。

截至 2018 年底，贵州省城镇职工基本养老保险参保人数达 639.81 万人，城乡居民基本养老保险参保人数达 1802.66 万人，失业保险参保人数达 257.33 万人，基本医疗保险参保人数达 1040.47 万人，工伤保险参保人数达 355.75 万人，生育保险参保人数达 326.18 万人。

享受城市居民最低生活保障人数达 33.79 万人，享受农村居民最低生活保障人数达 225.55 万人。

拥有各类提供住宿的社会服务机构 1014 个，其中养老服务机构 909 个，儿童福利和救助机构 24 个。社会服务床位 20.02 万张，其中养老服务床位 18.75 万张，儿童服务床位 0.51 万张。生活无着落人员救助管理站 44 个，救助生活无着落人员达 40881 人次。筹集社会福利资金 8.92 亿元。通过不断完善的社会保障体系和社会救助体系，贵州省各族民众福祉得到提高，公共服务能力显著提升，民族团结事业有了坚实的基础性保障。①

六、民族地区自然生态环境显著改善

党的十八大以来，习近平总书记一直高度关注贵州省生态文明建设，作出了一系列重要指示："守住发展和生态两条底线，走出一条有别于东部、不同于西部其他省份的发展新路""坚持以生态文明的理念引领经济社会发展，切实做到经济效益、社会效益、生态效益同步提升"。

在习总书记的指引下，近年来，贵州省大力实施新一轮退耕还林、石漠化综合治理、植被恢复造林、长江经济带生态修复等重点生态工程，绿色面积不断扩大，自然生态环境得到显著改善。

2013 年，贵州省提出要实现尊重经济规律、有质量、有效益、可持续的发展。守住"两条底线"：一条是发展底线，一条是生态底线。同年 12 月，贵州省作出了创新生态文明建设体制机制，加快创建全国

---

① 参见《2018 年贵州国民经济和社会发展统计公报》，贵州人民政府网 http：//www.guizhou.gov.cn/zfsj/tjgb/201904/t20190409_ 2380522.html。

生态文明先行区的战略部署。

2014 年 6 月，国家批复了《贵州省生态文明先行示范区建设实施方案》，标志着贵州省在生态文明建设方面已然先行一步。

抓好顶层设计，明确具体举措。2015 年 2 月，“绿色贵州”建设三年行动计划正式启动，三年累计完成营造林 1975 万亩，森林覆盖率年均增长 2 个以上百分点，全省森林覆盖率达到 55.3%，排名上升到全国第 8 位。

在植绿护山的同时，贵州省全面深入开展治河清污工作，全民推行“五级河长”制，全省 4697 条河流共设立五级河长 22755 名，为河流治理奠定了组织基础。

2017 年，贵州省正式将“大生态”列为继“大扶贫”“大数据”之后的第三大战略行动。从 2017 年起，将每年 6 月 18 日确定为“贵州生态日”，举办“保护母亲河 · 河长大巡河”和“巡山、巡城”等系列活动。全省累计创建国家级生态示范区 11 个、生态县 2 个、生态乡镇 56 个、生态村 14 个。

2017 年 5 月，贵州省在全省范围内所有排污口进行拉网式排查，采集入河排污口信息。针对不同情况，对症下药、精准治理，实行一河一策，一湖一策，一库一策，注重生态环境保护和可持续发展。

同时，贵州省全面落实“气十条”“水十条”“土十条”，先后出台了大气、水、土壤污染防治行动计划和年度实施方案，加快实施“青山”“碧水”“蓝天”“净土”四大工程，开展十大污染源、饮用水源地“双源”治理工程，实施草海综合治理五大工程，全面取缔乌江等流域网箱养鱼。

从 2009 年开始，每年夏天，贵州省都要举行一次世界性的“生态文明贵阳会议”，广邀全世界的知名学者和政要参会，共同探讨生态文明建设。2013 年，会议升格成为“生态文明贵阳国际论坛”，传达中国生态文明建设的最强音。

在“生态立省”的基础上，中共贵州省委十一届七次全会明确提出，把打造绿色家园、建设生态美丽新城乡作为我省生态文明建设的重要目标，必须坚持以生态文明理念引领经济社会发展，实现既提速发展，又保持青山常在、碧水长流、蓝天常现。

第三节　开创民族地区脱贫攻坚新局面

2011 年，贵州省农村贫困人口数为 1149 万人，位居全国第一；贫困发生率达 33.4%，高过同期全国平均水平 20.7 个百分点。其中，3 个州、10 个县、218 个民族乡的民族地区中贫困县、贫困乡（镇）和贫困村占全省比例分别为 72%、75.8%和 53.6%，表现出贫困地区与民族地区空间叠加的特征。

为实现“弯道取直”、后发赶超、同步小康，贵州省举全省之力、集全省之智打好脱贫攻坚战。自 2012 年起，在中共中央的部署和指导下，贵州省委、省政府始终把学习宣传贯彻习近平新时代中国特色社会主义思想，特别是习近平总书记关于扶贫工作的重要论述作为打赢脱贫攻坚战的行动指南和根本遵循，以战略部署“扣扣子”、责任履行“担担子”、任务落实“钉钉子”的精神，全力实施“大扶贫”战略行动，不断开创精准扶贫、精准脱贫新局面。

一、以“大扶贫”战略统揽全局

2015 年，中共贵州省委十一届六次全会明确提出，“十三五”期

间要突出抓好“大扶贫”战略行动，并强调“推进大扶贫战略行动，核心要义是在党的领导下，强化全力扶贫、全面扶贫的大格局，动员方方面面的力量，坚决打赢科学治贫、精准扶贫、有效脱贫这场输不起的攻坚战”。2015年12月4日，贵州省委印发《关于落实大扶贫战略行动坚决打赢脱贫攻坚战的意见》，这意味着“大扶贫”战略行动正式进入实施阶段。

贵州省创新脱贫攻坚顶层设计，出台了大量文件。2016年9月30日，贵州省人大常委会第二十四次会议审议并全票通过了《贵州省大扶贫条例》，成为全国第一个通过立法的形式出台实施大扶贫条例的省份。2018年贵州省颁布实施《贵州省精准扶贫标准体系》，也是全国第一个发布精准扶贫标准体系的省份。2018年6月，中共贵州省委十二届三次全会落实《中共中央、国务院关于打赢脱贫攻坚战三年行动的指导意见》，并作出《中共贵州省委贵州省人民政府关于深入实施打赢脱贫攻坚战三年行动发起总攻夺取全胜的决定》，这是党的十八大以来，贵州省第一次以省委全会形式贯彻《中共中央、国务院关于打赢脱贫攻坚战三年行动的指导意见》，在全国也是第一个以全会形式贯彻落实该指导意见的省份。提出产业革命“八要素”“三个革命”和“五步工作法”，形成了指导全省推进农村产业革命的完整体系，向脱贫攻坚发起总攻。2019年6月28至29日，中共贵州省委召开十二届五次全会并作出《中共贵州省委贵州省人民政府关于深入推进农村产业革命坚决夺取脱贫攻坚战全面胜利的意见》。

此外，还出台了《关于坚决打赢扶贫攻坚战确保同步全面建成小康社会的决定》《贵州省深度贫困地区脱贫攻坚行动方案》《贵州省扶贫对象精准识别和脱贫退出程序暂行管理办法》《关于深入推进新时期易地扶贫搬迁工作的意见》《关于加强和完善易地扶贫搬迁后期扶持和社区管理的意见》《贵州省财政专项扶贫资金管理办法》《贵州省开展扶贫领域作风问题专项治理工作实施方案》《关于支持毕节试验区按时打赢脱贫攻坚战夯实贯彻新发展理念示范区建设基础的意见》等，以及涉及龙头企业、医疗卫生、冷链物流业、农民专业合作社、农业大数据等13个有关专项脱贫攻坚三年行动方案的重大政策文件。

二、财政金融扶贫

贵州省积极探索财政金融扶贫模式，呈现出“投入多、成本低、覆盖广、效果好”的良好局面。

通过制定《关于进一步规范扶贫小额信贷工作切实防控风险的通知》《关于改革创新财政专项扶贫资金管理的指导意见》，精简贷款程序，确保金融机构“愿意贷”、贫困群众“贷得到”。

设立绿色产业扶贫投资基金，主要投向茶叶、中药材、食用菌、优质草、农旅一体化、大健康养生、生态水产、干果八大绿色产业；开发推广“黔惠保”系列产品，减少农户因灾或因市场价格波动而造成的损失。

2016年10月30日，贵州脱贫攻坚投资基金有限公司揭牌成立，标志着国家批复的全国首支省级脱贫攻坚投资基金正式启动。基金总规模达3000亿元，这对贵州打赢脱贫攻坚战、建设民族团结进步示范区起到了极其重要的促进作用。

2017年以来，贵州省陆续展开金融助推脱贫攻坚系列攻势，出台了《贵州省金融支持深度贫困地区脱贫攻坚行动方案》等文件，启动创建了10个省级金融精准扶贫示范县。与各大金融机构开展银政合作，“引金入黔”，推动金融支持扶贫。截至2018年末，贵州省涉农贷款余额10907.2亿元，贫困县人民币贷款余额12967.1亿元，16个深度贫困县（不含水城县）贷款余额1353.8亿元，扶贫再贷款余额达

331 亿元，其中，精准到直接支持贫困户、扶贫龙头企业和扶贫项目的贷款余额 225.9 亿元。

三、农村产业革命

近年来，贵州省按照“扶产业就是扶根本”的思路，出台了《关于深入推进农村产业革命坚决夺取脱贫攻坚战全面胜利的意见》，全面落实产业选择、农民培训、技术服务、资金筹措、组织方式、产销对接、利益联结、基层党建“八要素”，从农业供给侧结构性改革、产业扶贫、农业园区提升等方面促进农业发展，积极推进农村产业结构调整，取得了一定成效。

2018 年全年减种玉米 785 万亩，新增高效经济作物 666 万亩，平均每亩增收 3079 元，带动 45.53 万户共计 160.84 万贫困人口增收，户均增收 8296 元，人均增收 2348 元。2019 年以来，组建专班重点推进扶贫产业发展，大力推行“龙头企业+合作社+农户”模式，坚定不移地纵深推进农村产业革命。茶叶、辣椒、火龙果、薏仁、刺梨等种植规模居全国第一位，蔬菜种植面积居全国第七位，初步建成面向国内外市场，特别是珠三角市场的“菜篮子”基地。

贵州省创造性地提出推动资源变资产、资金变股金、农民变股东的农村“三变”改革。2017 年，“三变”改革写入中央一号文件，实现了 233 万农民变股东的目标。贵州省成为全国农村改革样板，其中毕节市、湄潭县、六盘水市分别于 1987 年、1988 年、2017 年成为全国农村改革试验区。

培育农民专业合作社、龙头企业、家庭农场等新兴农业经营主体。采取股份合作、订单帮扶、生产托管等方式，推广“龙头企业+合作社+农户”“村支两委+农村集体股份经济合作社+农民专业合作社+农户”等经营模式，实现贫困户与现代农业发展有机衔接，累计培育省级以上农业龙头企业711家，农民专业合作社5.8万个。

扶贫攻坚“三个十工程”（“十大扶贫攻坚示范县”“十大扶贫特色优势产业”“十大扶贫产业园区”）稳步推进。在“三个十工程”的具体实施过程中，以产业规划、春耕物资、利益联结机制、产销衔接机制、专家技术服务团队“五个到村、到户、到人”为抓手，延伸产业链条，扩大产业项目对贫困户的覆盖面。

四、易地扶贫搬迁

按照中央新一轮易地扶贫搬迁的决策部署，贵州省根据党中央、国务院的决定及《“十三五”时期易地扶贫搬迁工作方案》《全国“十三五”易地扶贫搬迁规划》等政策框架和要求，结合实际细化政策措施，先后出台了39个规范性文件，18个省直部门共计出台了20个行业配套文件，形成了较为完整的政策体系和体制机制。2018年贵州省质量技术监督局又在全国率先发布了《精准扶贫易地扶贫搬迁工作管理规范》标准体系，对易地扶贫搬迁各个环节实行制度化、规范化、标准化管理。

2015年12月，贵州省率先在全国打响易地扶贫搬迁“第一炮”，启动贵州省历史上规模空前的易地扶贫搬迁工作。2017年263个安置项目全部建成，实际搬迁入住76.2万人；2018年计划建设的136个安置项目工程量完成88.7%，建成住房14.3万套。截至2018年底，全省2016年计划搬迁的44.8万搬迁对象已全部搬迁入住。

五、社会扶贫大格局

为打赢脱贫攻坚战、实现全面小康，东西部扶贫协作（对口帮

扶）、定点扶贫、企业帮扶以及国际组织扶贫等多方扶贫力量聚集，向贫困宣战。

习近平总书记指出："要强化东西部扶贫协作。东部地区不仅要帮钱帮物，更要推动产业层面合作，推动东部地区人才、资金、技术向贫困地区流动，实现双方共赢。"2013 年 2 月 4 日，国务院办公厅印发《国务院办公厅关于开展对口帮扶贵州工作的指导意见》（国办发〔2013〕11 号），明确新增上海、苏州、杭州和广州 4 个东部发达城市对口帮扶贵州。至此，新一轮东西部扶贫与对口帮扶工作实现了东部 8 个发达城市对贵州省除贵阳以外的 8 个市（州）对口帮扶的全覆盖，形成了"上海市—遵义市、苏州市—铜仁市、杭州市—黔东南州、宁波市—黔西南州、青岛市—安顺市、大连市—六盘水市、深圳市—毕节市、广州市—黔南州"的"一对一"对口帮扶新局面。2013～2018 年，东部帮扶城市共向贵州省投入财政帮扶资金 49.24 亿元，涉及基础设施建设、产业开发、文化教育、医疗卫生等方面；社会帮扶捐款共计 56.79 亿元，此外，每年还有领导考察互访、企业协作、项目支持、人才交流、培训学习、挂职指导、劳务合作等多领域的帮扶。

2012 年以来，中央单位、民主党派、工商联以及企业不断加大对贵州省的帮扶力度，取得了显著成效。例如，2012～2017 年，中央单位直接投入帮扶资金 7.6 亿元，用于受帮扶县的基础设施、产业开发、文化教育、医疗卫生等项目的建设以及人力资源培训和赈灾救济送温暖等活动的开展，极大地改善了贵州省贫困地区的生产生活条件。同时，各单位还不遗余力地帮助当地引进各类资金 729.08 亿元，实施各类投资项目 901 个，并资助 1.06 万名贫困学生入学就读。中央国家机关中直单位到贵州省贫困地区考察调研的干部有 3164 人，其中，副部级以上领导干部 220 人；共派出 342 人次到贵州省蹲点挂职，其中局级干部 11 人、处级干部 131 人、科级干部 200 人；挂任县委或县政府副职48人，挂任村“第一书记”81人。

“千企帮千村”企业帮扶大力推进，涌现出万达、恒大等特色帮扶案例。截至2019年3月，全省已有5392家企业结对帮扶5478个村，惠及贫困群众113.91万人，项目帮扶资金达157亿元，参与行动的企业数量和受帮扶的贫困村数量都位列全国前茅。其中，恒大集团计划无偿投入110亿元扶贫资金定向用于毕节市扶贫工作，捐赠资金已到位60亿元；万达集团定点帮扶丹寨县，已投入21亿元资金，实施了万达职业技术学院、万达小镇、万达基金等建设项目。

此外，国际扶贫合作不断深入，成为“大扶贫”的有效力量。随着日本政府贷款贵州环境与社会发展项目、世界银行贷款贵州农村发展项目以及贫困片区产业扶贫试点示范项目等国际扶贫项目的开展，极大缓解了项目区的绝对贫困，促进了各民族地区经济社会的发展。

第四节　促进民族地区文化繁荣新突破

多年来，贵州省以多彩贵州民族特色文化强省建设为目标，通过发展民族文化产业、完善公共文化设施、开展民族文化活动等，极大地促进了民族地区的文化繁荣发展。

一、特色民族文化产业繁荣发展

自2011年以来出台了《贵州省人民政府关于振兴文化产业的意见》《贵州省人民政府办公厅关于进一步繁荣发展少数民族文化事业的

实施意见》等政策，下发了《贵州省相关产业与文化融合发展总体方案》《贵州省地方特色文化资源建设项目“十三五”规划》《贵州省文化厅关于贯彻落实〈文化部“一带一路”文化发展行动计划（2016—2020年）〉的实施方案》《文化产业扶贫“千村计划”实施方案》等一系列文件，不断完善文化产业发展的顶层设计。

实施文化产业园、文化产业基地等项目的建设。“十二五”期间，“十大文化产业园”和“十大文化产业基地”规划建设。“十三五”期间，“10个园区基地”“10个街区小镇”“10个文产项目”“10个续建项目”的“4个10”重点文化产业项目实施。2016年，实施46个省级重点文化产业项目。2018年，为进一步发挥重大项目的带动作用，推动全省文化产业快速发展，对省级重点项目进行了调整和新增，共确定131个重点项目，总投资约3210亿元，几乎全省每个县都有重点项目。通过园区、基地、街区、小镇等文化产业集聚发展出的载体和平台，文产项目、续建项目的重点建设，极大地提升了贵州省文化产业的规模化、集约化和专业化，彻底改变了贵州省文化产业“小、散、弱”的局面。

实施文化产业扶贫“千村计划”。2016年制定《文化产业扶贫“千村计划”实施方案》，每年从省级文化产业发展专项资金出资1000万~1600万元，以项目扶持的方式开展文化产业扶贫。2017年，文产扶贫“千村计划”覆盖深度贫困县14个，实现20个极贫乡镇所在县全覆盖，1625万元扶持建设34个文产扶贫示范基地，带动13450户贫困户增收。

2018年5月，新华社与贵州省共同启动“黔系列”民族文化产业品牌行动。一年来，通过“黔系列”品牌研讨会、“黔系列”预选品牌展示推介会、“黔系列”品牌采风行、中国品牌日“黔系列”品牌推介活动、“黔系列”品牌100强征集评选等一系列活动，强化“黔系列”品牌深入人心，推动“黔货出山”初见成效。

二、民族地区公共文化服务能力不断增强

贵州省大力改善公共文化服务，建设了一批颇具贵州民族文化形象的重点文化设施，完善了省、市（州）、县（区）、乡（镇）、村各级各类公共文化设施，基本建成了以大型公共文化设施为主体，以社区和乡镇基层文化设施为基础的公共文化设施体系。

图书馆、博物馆、文化馆、美术馆、电台和电视台等公共文化基础设施建设不断推进。2011 年贵州省的公共图书馆、文化馆（站）基本实现免费开放，并大力推进市（州）“两馆”建设、县级“两馆”升级改造。2014 年建成省博物馆新馆、印江合水传统造纸生态博物馆、三都水族文化博物馆、湄潭茶文化生态博物馆、雷山西江苗族博物馆、湄潭浙大西迁陈列馆、瓮安猴场会议地址纪念馆等，并向社会开放。2015 年 1 月遵义会议纪念馆中的陈列馆新馆开馆，贵州世居民族历史文化展开展，贵州省民族文化体育活动中心建造。2016 年，贵州美术馆、贵州文化广场、贵州省博物馆、北京路影剧院等文化阵地建设取得积极进展。2017 年，20 个民族博物馆、民族陈列馆建设提质升级，黔西南州博物馆、荔波邓恩铭故居纪念馆、务川仡佬族博物馆、册亨县布依族博物馆等开馆。2018 年 8 月，贵州省图书馆威宁少年儿童分馆开馆。

在现有图书馆、文化馆的基础上，实施文化服务工程，基本实现了乡镇综合文化站、村文化活动室、流动文化服务车多元结合的文化服务格局。2014 年，中央免费开放专项补助经费 9328 万元，补助地级“两馆”18 个、县级“两馆”176 个、乡镇综合文化站 1448 个。27 个街道文化站、54 个乡镇综合文化站、78 个社区文化活动室配置文化信息资源共享设备和灯光音响、乐器等设备；448 个乡镇综合文

化站、27个社区文化活动中心、141个社区文化活动室配置公共电子阅览室。2016年，贵州省投入“两馆一站”免费开放专项资金9864万元，补助公共图书馆、文化馆、乡镇综合文化站、社区文化中心共计1779个；投入农村文化建设专项补助资金7553万元，补助16859个基层农村文化服务项目建设；投入2672万元为1336个贫困村配置公共文化设备。2018年，贵州省新建乡镇综合服务站202个，乡镇综合服务站总量达到971个，为34个县配置了流动文化车，实现了流动服务常态化。此外，民族自治县村综合文化服务中心覆盖工程，正在有序推进。

实现广播电视村村通。截至2018年底，贵州省累计完成投资11.63亿元，新建光缆干线11.86万千米；新增“广电云”用户144.64万户，累计新建乡镇广播影视综合服务站510个。

实施“数字图书馆推广工程”。2011年贵州省成为第一批实施“数字图书馆推广工程”的省份。从2014年起，贵州省图书馆、贵阳市图书馆、遵义市图书馆、毕节市图书馆与国家图书馆合作开展政府公开信息、元数据、视频以及地方文献数据库的建设。2015年，贵州省图书馆、贵阳市图书馆、遵义市图书馆、黔南州图书馆和毕节市图书馆实现与国家图书馆虚拟网的对接和移动阅读数字的开通，贵州省图书馆完成与国家图书馆联通专网的连接，多途径实现省、市（州）图书馆共享国家图书馆的数字资源。2015年，贵州省举办“网络书香”数字阅读推广活动。从2016年开始，实施“贫困地区公共数字文化服务提档升级项目”，为贫困乡镇公共数字文化服务站进行提档升级，建设数字文化驿站。

创建新时代农民（市民）讲习所。截至2018年7月，贵州省共创建新时代农民（市民）讲习所2万余个，开展讲习活动15万场次，受众1600万人次。大力建设乡村学校少年宫。截至2018年底，中央和省级专项彩票公益金投入经费共计41269万元（中央26079万元，贵州省15190万元），支持贵州省建设乡村学校少年宫共计1400所（中央780所，贵州省620所），实现了乡镇一级的全覆盖。乡村学校少年宫的建成，有效地解决了贵州省农村未成年人课外活动场所严重不足的问题，产生了良好的社会影响。

三、民族文化传承保护力度逐渐加大

围绕实施少数民族优秀传统文化传承发展工程，建立民族文化传承基地，编撰民族古籍，在贵州省内高校建立少数民族古籍研究基地、少数民族传统医药研究基地、少数民族传统体育文化研究基地，建设双语和谐示范基地，命名少数民族传统体育示范基地等，着力推动优秀民族文化的挖掘、传承、保护和发展。

举办"贵州民族文化大讲堂"，走出去请进来开展交流活动，弘扬和传承贵州多彩的民族文化，大力发展贵州少数民族文化事业。

实施"千百十"示范工程、"少数民族传统手工艺扶持专项"等项目，拨付专项资金扶持民族传统手工艺，培训、命名和扶持了一批民族手工艺人才和产业领军人物。2016~2018年，共命名、挂牌483个省级少数民族传统手工艺传习所，加强了贵州省少数民族传统手工技艺的保护和传承，鼓励手工艺企业发展民族文化产业，进一步提升少数民族传统手工艺的知名度、美誉度和影响力。

2018年，贵州省新增中国历史文化名镇名村6个，25个历史文化名城名镇名村保护规划经贵州省政府批准实施，茅台镇等15个乡镇入选全国特色小城镇，完成历史建筑普查873处，城镇特色保护和个性塑造双轮并驱，传统村落数量进一步增加，保护力度进一步增大，传统文化特色和价值得到有效发挥。

四、民族文化蓬勃发展

民族服饰文化方面。2018~2019 年，连续两年举办“多彩贵州民族服饰设计大赛”，推出崭新的民族服饰设计作品，培养了一批民族服饰设计人才，大幅提升了贵州民族文化的感染力和影响力。加大黔台两地文化交流。贵州民族文化宫与台北故宫博物院合作举办“银瓅黔彩——贵州少数民族服饰特展”等，扩大了贵州省民族文化的对外影响。

民族文艺活动方面。重点扶持打造以“苗族姊妹节”等为代表的 10 个民族传统节庆，举办“海峡两岸·贞丰布依族六月六”等节庆活动。积极组织参加全国少数民族文艺会演，在 2016 年的第五届全国少数民族文艺会演中，《嘎老》《巫卡调恰》节目分别获最佳音乐创作奖和最佳导演奖。2017 年，成功举办第六届全省少数民族文艺会演，展示了多彩贵州民族文化的魅力。

民族研究和民族文学创作方面。从 2013 年起，与贵州省作协联合举办少数民族文学“金贵奖”，至 2019 年底共举办三届，评选和表彰了 42 部优秀少数民族文学作品。出版《贵州民族文化大观》以及一批世居少数民族传统文化研究成果。完成《贵州世居少数民族文化史》《贵州省世居少数民族风情风俗》等课题项目。开展贵州省世居民族现状调查和民族专项调查，深入推进“六山六水”民族调查，建立贵州省社科研究“创新团队”。举办全国民族语文翻译研讨会、“水书”与殷商文化国际学术研讨会等。每年召开民族研究专家座谈会。开展全省少数民族古籍普查工作，实施民族古籍抢救保护项目，召开第十六次彝文古籍整理出版工作协作会。核心期刊《贵州民族研究》着力从学术角度研究贵州乃至全国少数民族的政治、经济、文化和语言等。

民族音乐方面。开展“黔岭飞歌”少数民族歌曲征集活动，面向全国公开征集少数民族题材电视剧或电影脚本的创作。全省以及民族自治州、自治县均举办民族音乐会、歌咏会、民族歌唱比赛等。

民族文化建设方面。2014 年，制定了《多彩贵州优秀民族文化系列工程实施计划》，该计划共十项工程 24 个子项，全方位实施少数民族文化建设系列工程。

重视民族新闻与民族宣传。《贵州民族报》发行量逐年提升，实现民宗委委员单位、教育系统、农信社系统全覆盖。到极贫乡镇开展慰问宣传演出，完成赴加拿大、意大利等国民族文化交流任务。民族民间文化进校园丰富多彩，2017 年，贵州省重点打造 59 所省级示范性学校。

民族体育运动方面。精心策划、积极组织、踊跃参与全国少数民族传统体育运动会，举办全省少数民族传统体育运动会，探索推进全省少数民族传统体育运动会的改革，对积极性高的市、州、县予以大力支持，努力将此项工作与民族文化、旅游、产业、城镇化建设有机融合。举办如独竹漂、赛马、民间陀螺全国邀请赛等民族体育赛事。建设民族传统体育基地，开展民族体育课题研究。建设民族体育文化活动中心，推广贵州民族体育文化。

营造双语和谐环境。扶持省级双语和谐环境示范点的建设，启动布依汉英、侗汉英、彝汉英等大词典编纂工作，开展贵州省世居少数民族语言测试，组织民语翻译职称评审，召开少数民族语言文字学会大会，表彰民族语言文字先进工作者。

第五节　开创民族团结新局面

2012 年以来，贵州省创建民族团结繁荣发展示范区的工作坚持在全省铺开，整省推进。2016年，铜仁市荣膺“全国民族团结进步创建活动示范市”称号。2018年，黔南州、黔西南州两个自治州成功创建民族团结示范州。黔东南州也正为创建示范州而不懈努力。贵州全省6市3州88县，各级党委、政府和社会各界都为示范区的创建贡献力量，取得了较好的成效。

一、顶层设计，指引民族团结的努力方向

中央民族工作会议是从战略和全局高度对民族工作作出部署的重要会议。改革开放以来，每当民族工作出现新情况、新问题时，中央总会及时召开会议，对民族工作进行研究部署。

2014年9月召开的中央民族工作会议，是党中央、国务院在我国改革发展进入关键时刻召开的一次重要会议。会议以“凝聚民族大团结力量，为实现伟大中国梦而共同奋斗”为主题。习近平总书记站在历史和全局的高度发表了重要讲话，全面分析我国民族工作面临的国内外形势，深刻阐述当前和今后一个时期我国民族工作的大政方针，阐述了民族工作的一系列重大理论和实践问题，提出了一系列新思想、新论断、新认识，作出了一系列新决策、新部署、新要求。会后印发了《关于加强和改进新形势下民族工作的意见》，从坚定不移走中国特色解决民族问题的正确道路、围绕改善民生推进民族地区经济社会发展、促进各民族交往交流交融、构筑各民族共有精神家园、提高依法管理民族事务能力、加强党对民族工作的领导六个方面提出25条意见，旨在切实加强和改进新形势下民族工作，团结带领全国各族人民共同推进全面建成小康社会、努力实现中华民族伟大复兴的中国梦。

二、表彰模范，推进民族团结新进步

从 1988 年开始，国务院先后举办了 7 次全国民族团结进步表彰大会。1988 年 4 月，首次全国民族团结进步表彰大会召开，表彰了 1166 个先进集体和个人，全体代表向全国各族同胞发出了关于维护祖国统一和加强民族团结的倡议书。1994 年 9 月，第二次全国民族团结进步表彰大会表彰了来自全国各地各条战线的 1255 个模范集体和个人，对促进少数民族和民族地区经济文化的发展作出部署。1999 年 9 月，第三次全国民族团结进步表彰大会表彰了 628 名模范个人和 626 个模范集体。2005 年 5 月在第四次全国民族团结进步表彰大会上，时任国家主席胡锦涛指出，新世纪新阶段的民族工作必须把各民族共同团结奋斗、共同繁荣发展作为主题，民族工作要凝聚到中华民族的伟大复兴上来。此次大会共有 642 个模范集体和 676 个模范个人受到表彰。2009 年 9 月，国务院第五次全国民族团结进步表彰大会总结了新中国成立 60 年来民族团结进步事业的成就和经验，分析面临的机遇和挑战，提出当前和今后一个时期的主要任务。表彰了 739 个全国民族团结进步模范集体和 749 个模范个人。2014 年 9 月第六次全国民族团结进步表彰大会，深刻阐述当前和今后一个时期我国民族工作的大政方针，对 1496 个全国民族团结进步模范集体和模范个人进行了表彰，贵州省有 32 个模范集体和 38 个模范个人在列。2019 年 9 月，第七次全国民族团结进步表彰大会，全国有 665 个模范集体、812 个模范个人受到表彰，其中贵州省有 27 个模范集体，34 名模范个人。

至 2019 年底，贵州省已召开八次民族团结进步表彰大会。2013 年 12 月 27 日，贵州省第七次民族团结进步表彰大会表彰 113 个先进集体和 168 名先进个人。2019 年 1 月 3 日在贵阳举行的第八次民族团结进

步表彰大会表彰了113个模范集体和176名模范个人。贵州省的市（州）一级也举办民族团结进步表彰大会，表彰为民族团结进步事业做出贡献的集体和个人。

各级民族团结进步表彰大会的召开以及对集体和个人的表彰，极大地鼓舞了各级各地各部门以及各族群众，对继续推进我国民族团结事业进步、巩固和发展我国各族人民大团结具有十分重要的意义。

三、创建推进，奋力开创民族团结进步新局面

自2010年中央宣传部、中央统战部、国家民委联合下发《关于进一步开展民族团结进步创建活动的意见》（民委发〔2010〕13号）以来，贵州省各地区各部门高度重视，牢牢把握各民族共同团结奋斗、共同繁荣发展的主题，采取多种形式和措施，大力推进民族团结进步创建活动。

（一）争创“民族团结进步创建活动示范单位”

国家民委自2012年至今，公布六批共868家全国民族团结进步创建活动示范单位。贵州省一共34家单位被荣誉命名。其中，全国民族团结进步创建活动示范县9个：铜仁市松桃苗族自治县（第一批）、铜仁市玉屏侗族自治县（第二批）、黔西南布依族苗族自治州册亨县（第二批）、黔东南凯里市（第三批）、黔西南布依族苗族自治州兴义市（第四批）、铜仁市印江土家族苗族自治县（第四批）、黔东南苗族侗族自治州麻江县（第四批）、贵阳市开阳县（第五批）、黔东南苗族侗族自治州黎平县（第六批）。全国民族团结进步创建活动示范村3个：黔东南苗族侗族自治州锦屏县隆里乡华寨村（第二批）、黔南布依族苗族自治州龙里县羊场镇走马村（第二批）、安顺市镇宁布依族苗族

自治县环翠街道高荡村（第六批）。全国民族团结进步创建活动示范街道、社区 7 个：遵义市汇川区上海路街道航宇社区（第二批）、贵阳市云岩区贵乌社区（第三批）、贵阳市白云区大山洞社区服务中心（第四批）、毕节市七星关区洪山街道（第五批）、黔西南布依族苗族自治州贞丰县者相镇茶林社区（第五批）、黔南布依族苗族自治州惠水县濛江街道新民社区（第六批）、黔西南布依族苗族自治州义龙新区麻山社区（第六批）。全国民族团结进步创建活动示范乡（镇）4 个：安顺市普定县猴场苗族仡佬族乡（第三批）、黔南布依族苗族自治州惠水县好花红镇（第六批）、六盘水市盘州市鸡场坪镇（第六批）、遵义市余庆县花山苗族乡（第六批）。全国民族团结进步创建活动示范学校 8 个：遵义医学院（第三批）、贵州民族大学人文科技学院（第四批）、遵义市仁怀市后山民族小学（第四批）、铜仁职业技术学院（第五批）、铜仁幼儿示范高等专科学校（第五批）、黔东南苗族侗族自治州黎平县第二中学（第五批）、毕节市民族中学（第六批）、黔南民族师范学院（第六批）。全国民族团结进步创建活动示范单位 1 个：六盘水市盘县扶贫开发局（第三批）。全国民族团结进步创建活动示范企业 2 个：黔南布依族苗族自治州平塘县国际射电天文科普旅游文化园（第五批）、贵州梵锦茶业有限公司（第六批）。

贵州省也自 2012 年开始进行全省范围内的民族团结进步创建活动示范单位的命名，至今共命名 1318 个示范单位，其中，2012 年命名 68 个、2013 年命名 320 个、2014 年命名 310 个、2015 年命名 306 个、2016 年命名 126 个、2018 年命名 62 个、2019 年命名 61 个，涉及自治州、县（市、区）、乡（镇）、社区、村寨、机关单位、军（警）营、学校、医院、企业、研究会、景区、寺庙、教育基地、新经济组织、研究会、示范带。同时，贵州省的市、州一级也开展（市、州）民族团结进步创建活动示范单位的命名。

如此众多的示范单位，发挥了民族团结示范带动作用，推动了民族团结进步创建活动深入开展，为推进民族团结进步、繁荣昌盛，全面建设小康社会和构建社会主义和谐社会做出了较大的贡献。

（二）创建“全国民族团结进步教育基地”

2006 年以来，国家民委命名了 6 批共 226 个全国民族团结进步教育基地。其中，贵州省有 10 个：大方县奢香博物馆（第一批）、黔东南苗族侗族自治州民族博物馆（第二批）、贵州民族文化宫（第三批）、荔波县邓恩铭故居（第四批）、黔南布依族苗族自治州民族博物馆（第五批）、六枝特区梭戛生态博物馆（第五批）、毕节市七星关区大屯土司庄园（第五批）、六盘水市钟山区贵州三线建设博物馆（第六批）、铜仁学院梵净山人文生态馆（第六批）、铜仁民族中学（第六批）。

这些教育基地在宣传民族政策，普及民族知识，弘扬各民族同呼吸、共命运、心连心的优良传统，引导贵州各族群众树立正确的祖国观、历史观、民族观等方面发挥了重要的作用。

（三）争创“双语和谐乡村（社区）示范点”

2015 年，国家民委、教育部联合启动“全国双语和谐乡村（社区）示范点”建设工作，首批确立了 7 个基层乡镇、街道或者村（社区）进行试点建设工作。贵州省各级各部门高度重视、主动作为、大胆探索、稳步推进示范点建设工作，取得了比较明显的成效。

2017 年 3 月和 12 月，国家民委、教育部先后公布了 2 批共 16 个“全国双语和谐乡村（社区）示范点建设单位”。贵州省有两个示范点被命名，分别是贵州省毕节市威宁彝族回族苗族自治县板底乡（第一批）、贵州省黔东南苗族侗族自治州黎平县双江镇四寨村（第二批）。

（四）保护和发展少数民族特色村寨

近年来，在各地各部门的高度重视和大力支持下，贵州省的少数民族特色村寨的保护和发展工作广泛开展，取得了显著成效，涌现了一大批民族特色突出、产业支撑有力、民族文化浓郁、人居环境优美、民族关系和谐的少数民族特色村寨，对推动少数民族特色村寨的保护和发展工作起到了重要的示范带动作用。

2014 年、2017 年，国家民委公布命名 2 批共 1057 个“中国少数民族特色村寨”，其中，第一批名单中贵州省有 62 个，第二批 151 个，共有 213 个。分别是贵阳市 14 个、遵义市 11 个、六盘水市 8 个、安顺市 16 个、铜仁市 23 个、毕节市 10 个、黔东南州 94 个、黔南州 20 个、黔西南州 17 个。

为进一步扩大少数民族特色村寨品牌效应，扎实推动少数民族特色村寨保护与发展工作的深入开展，从 2016 年开始，贵州省开展全省少数民族特色村寨的授牌工作。2016 年公布第一批，共命名挂牌 273 个村寨。其中，黔东南州 57 个、黔南州 30 个、黔西南州 31 个、铜仁市 34 个、贵阳市 20 个、遵义市 24 个、六盘水市 24 个、安顺市 28 个、毕节市 25 个。2017 年的第二批共命名挂牌 241 个。其中，黔东南州 70 个、黔南州 39 个、黔西南州 19 个、铜仁市 24 个、贵阳市 8 个、遵义市 25 个、六盘水市 20 个、安顺市 17 个、毕节市 15 个、贵安新区 4 个。2018 年“贵州省少数民族特色村寨”共命名挂牌 255 个。其中黔东南州 91 个、黔南州 34 个、黔西南州 29 个、铜仁市 33 个、贵阳市 11 个、遵义市 13 个、六盘水市 4 个、安顺市 14 个、毕节市 24 个、贵安新区 2 个。2019 年共命名挂牌 247 个。其中黔东南州 86 个、黔南州 55 个、黔西南州 13 个、铜仁市 29 个、贵阳市 9 个、遵义市 9 个、六盘水市 13 个、安顺市 13 个、毕节市 18 个、贵安新区 2 个。

四年间共命名挂牌 1016 个省级少数民族特色村寨。其中黔东南州 304 个、黔南州 158 个、黔西南州 92 个、铜仁市 120 个、贵阳市 48 个、遵义市 71 个、六盘水市 61 个、安顺市 72 个、毕节市 82 个、贵安新区 8 个。

众多少数民族特色村寨的命名挂牌，有助于少数民族特色村寨的保护工作，有助于提升民族村寨知名度，有助于促进村寨可持续发展。

上述诸多成就的取得，远不能包括党和国家各级各部门，以及全国各民族人民为贵州省民族团结进步事业做出的种种贡献。由于篇幅有限，我们仅列出冰山一角，但却能从中看到中国在习近平新时代中国特色社会主义精神的指引下所取得的辉煌成就，真切体会全国各族人民对民族大团结、对美好生活向往的追求。

第四章

创建贵州民族团结进步繁荣发展示范区的经验启示

习近平总书记指出，“团结稳定是福，分裂动乱是祸”。民族团结是民族关系中一个重要的维度，是民族繁荣发展的前提与基础，反过来，民族的繁荣发展又能更好地促进民族团结，对于多民族聚居的省份，贵州省委、省政府历来十分重视各民族之间的团结进步繁荣发展。按照《国务院关于进一步促进贵州省经济社会又好又快发展的若干意见》（国发〔2012〕2 号）中把贵州省建设成为“民族团结进步繁荣发展示范区”的有关要求，2013 年贵州省委、省政府制定了《关于建设民族团结进步繁荣发展示范区的意见》，分别从总体要求、示范范围和内容、政策支持、保障措施等方面对民族团结进步繁荣发展示范区创建工作做了全面部署。各市、州按照省委、省政府的详细部署，紧紧把握各民族共同团结奋斗、共同繁荣发展的主题，进行了民族团结进步繁荣发展示范区的创建，为推动民族地区后发赶超、改善民族地区民生问题、推动民族文化大发展大繁荣、推动民族地区经济社会跨越发展做出了很大贡献，积累了丰富的经验。本章围绕创建工作中的具体做法对贵州省创建民族团结进步繁荣发展示范区的经验进行归纳与总结。

第一节　建立健全机制，推进民族团结进步繁荣发展创建工程

民族团结进步繁荣发展示范区的创建，需要很好的载体和平台作

为支撑才能实现。贵州省按照“坚持科学发展，能快则快；坚持示范带动，创新引领；坚持突出重点，统筹兼顾；坚持自力更生，争取支持；坚持民族团结，和谐发展”的基本原则，主要在3个自治州、11个自治县、193个民族乡，少数民族人口集中的行政村、城市社区、企业、学校、机关、事业单位和部队推进实施民族团结进步繁荣发展示范创建工程，深入宣传民族团结进步繁荣发展先进典型，推动创建工作社会化、大众化、实体化，以示范典型引领创建工程，进一步筑牢民族团结的经济基础、政治基础、制度基础、思想基础和群众基础，大力营造平等、团结、互助、和谐的民族关系和各民族繁荣发展共创共建共享的局面。

一、建立组织协调督促机制，为创建活动保驾护航

民族团结进步繁荣发展示范区的创建，离不开强有力的组织领导和协调督促机制。贵州省的具体做法有：一是加强组织领导，成立省建设民族团结进步繁荣发展示范区领导小组，负责统筹协调示范区的建设工作。各市（州）成立以市（州）委主要领导为组长、市（州）长为常务副组长、四大班子相关领导为副组长、县（市、开发区）及相关部门主要负责人为成员的示范市（州）领导小组，制定长远规划和年度计划，形成市（州）、县（市、开发区）、民族乡（部门）联动齐抓共管的格局，全面统筹协调全市（州）示范建设工作。二是加强指导协调，贵州省有关部门按照省委、省政府的要求和部署，根据工作职能职责，制定出支持民族地区建设民族团结进步繁荣发展示范区的具体方案和工作措施，并组织实施。省民委加强对创建实施工作的统筹协调和跟踪分析，并进行经验与做法的总结，每年底将实施情况向省委、省政府报告，各市（州）民宗委具体负责调查研究、综合协

调、督促检查和情况交流等工作。三是加强督促检查，省委督查室、省政府督查室对创建工作进行细化分解，明确牵头单位和责任单位，并对各有关部门和单位的落实情况进行督促检查，确保创建工作各项任务加快推进。省目标绩效办把落实建设民族团结进步繁荣发展示范区的政策措施的情况纳入对省直部门的目标考核范畴。各市（州）把创建活动列入市（州）委、市（州）政府重要督查事项，实行半年和年终督查，半年小结和年终总结、评估，查缺补漏、强力推进，确保创建活动有序开展。

按照贵州省委、省政府的部署和要求，各地结合实际建立健全相应的党政组织领导和部门协同机制、考核测评机制、验收机制、评审表彰和退出机制等，推进民族团结进步繁荣发展创建工作精准化、规范化、社会化、法制化、常态化。黔东南州制定了《黔东南州民族团结进步繁荣发展示范区创建规划》，将民族团结和睦指数纳入以县为单位的全面建成小康社会考核、监测指标；黔南州出台实施了《关于进一步加强民族工作加快全州经济社会发展的实施意见》《关于建设黔南民族团结进步繁荣发展示范区的实施意见》《黔南州创建全国民族团结进步示范州活动实施方案》等文件，为民族团结进步创建提供有力的政策保障；黔西南州制定了《关于建设民族团结进步繁荣发展示范州的实施意见》《黔西南州2016-2018年创建全国民族团结进步示范州活动实施方案》《黔西南州民族团结进步创建活动示范测评指标》《黔西南州民族团结进步创建活动“六进”操作手册》，将创建示范州纳入各级党委、政府年度目标考核的重要内容，建立目标考核和责任追究制，适时督促检查、严格奖惩；铜仁市制定了《中共铜仁市委铜仁市人民政府关于创建全国民族团结进步示范市的意见》《铜仁市创建全国民族团结进步示范市工作实施方案》，成立创建工作领导小组，按市、县、乡三级联创的原则开展创建活动，专门制定年度创建工作计划，并将工作完成情况纳入对各区（县）及市直部门的年度绩效目标考核，制定督查和通报办法；毕节市出台了《关于建设民族团结进步繁荣发展示范区的实施意见》，市民宗委制定了《毕节市民族团结进步创建活动实施办法》《毕节市民宗委民族团结进步宣传教育活动月实施方案》《毕节市少数民族文化事业发展实施意见》等一系列具体的实施方案和工作措施，为开展创建活动提供制度保障。

二、构建多渠道宣传机制，让创建活动深入人心

加强民族团结进步繁荣发展创建活动的宣传，营造创建工作的良好氛围，让创建活动深入人心，推动全省创建工作社会化、大众化、平民化。归纳各市（州）的具体做法大致有：一是通过集中学习考试，在各民族干部群众中宣传党的民族政策法规。2014 年 10 月，铜仁市组织全市党政机关、企事业单位、社会团体、宗教活动场所工作人员及群众代表共计 10 万余人，参加了民族理论法规现场集中考试。二是按照工作常态化的要求，宣传党的民族政策。铜仁市将学习宣传党的民族理论政策法规作为“八进”标准的重要内容之一，把党的民族政策法规和理论知识编入全市年度《干部理论学习资料》之中，纳入市委党校党员领导干部学习培训的必修课，规定在干部年度理论学习考试中的分数不低于 15 分。三是利用民族传统节日节庆、法制宣传日、农村赶集日、市（州）民族团结月、省民族团结进步宣传教育月和集中宣传月等时机，开展送法下乡活动、专题教育活动，大力宣传民族理论、民族政策、民族法规、民族知识及优秀的少数民族传统文化，进一步增强广大干部群众的民族团结意识。四是借助各类媒介构建一批看得见、听得着、想得起的宣传实体。黔南州将创建经验编写成工作简报，在黔南广播电视台、《贵州民族报》、《黔南日报》、《黔南民

族》等传统媒体和网络、微信公众号、QQ群、微信群、云名片等新媒体上开辟专栏，利用高速公路广告牌、金融机构LED显示屏和交运集团车载显示屏展示民族团结进步创建的标语口号；为扩大群众知晓面，营造创建活动的氛围，及时印制了《创建全国民族团结进步示范市告全体市民书》《都匀市创建民族团结进步示范市知识问答手册》共计61000份，送到全市9个乡（镇）办事处，遍及农村、学校、机关、街道等；在报刊电视等媒体刊登、播放创建要闻，滚动播出创建宣传标语，让群众知晓创建内容；采取在全市交通要道广告牌、各大建筑物、公共电视屏幕等室外宣传平台上大力宣传创建精神，利用部分学校、乡镇现有的民族团结工作载体进行宣传，营造宣传氛围。黔西南州通过制作民族团结进步专题宣传栏、张贴宣传标语、设置宣传横幅等方式，充分利用电视、报刊、网络、微信等平台，开展宣传教育工作。五是通过开展征文活动，进一步宣传党的民族理论知识。自2014年9月以来，铜仁市在全市范围内开展民族团结进步理论征文活动，评出的优秀作品入编《民族团结进步征文选编》。六是通过命名建立民族团结进步示范教育基地，加强民族团结进步宣传教育。铜仁市市委、市政府先后命名了贵州省傩文化博物馆、苗王城、周逸群纪念馆等9个“市级民族团结进步示范教育基地”。

三、打造示范点（单位），发挥示范带动作用

加强各级、各类民族团结进步繁荣发展示范点（单位）建设，重点打造一批国家级、省级民族团结进步繁荣发展示范点（单位），鼓励全省各地结合自身实际因地制宜展开多种形式的创建活动，鼓励基层探索创新民族团结进步繁荣发展创建活动，发挥好示范点（单位）的示范带动作用，是贵州省民族团结进步繁荣发展创建的一个亮点。

黔东南州自2013年以来，已创建民族团结进步示范点247个（其中国家级5个，省级152个），树立了一批民族团结进步示范县（市）、示范乡（镇）、示范村（社区）、示范学校、示范企业、示范军（警）营，创建民族团结进步模范集体210个（其中国家级25个，省级132个），民族团结进步氛围浓厚。

黔南州以创建示范州为契机，积极开展创建工作进机关、进企事业单位、进乡（镇）、进村（社区）、进园区、进军（警）营、进学校和进宗教场所的“八进”活动，在各级、各部门的共同努力下，命名了一批民族团结进步示范单位和示范点，目前，有全国民族团结示范单位5个。截至2019年9月，黔南州委、州政府共组织召开了六次民族团结进步表彰大会，全州掀起了学模范、争先进的热潮。各示范点的创建活动为黔南州创建全国民族团结进步示范州打下了坚实的基础。

黔西南州按照州（市）、县、乡三级联创的原则，在全州各县（市、试验区）、各乡（镇）、各村（社区）、各级党政机关、企事业单位、宗教场所、驻军（警）地、学校进行民族团结进步繁荣发展示范区的创建，创建内容主要围绕“十大示范”展开，即在推动全州经济社会发展后发赶超上做示范、在改善和保障民生上做示范、在推动民族文化大发展上做示范、在加强生态文明建设上做示范、在振兴民族教育上做示范、在加强民族干部和人才队伍培养上做示范、在加快民族法制建设上做示范、在加强民族理论研究上做示范、在推动民族工作方法创新上做示范、在构建民族和谐进步上做示范。此外，黔西南州州委、州政府还制定了民族团结进步创建活动进党政机关、进社区、进乡镇、进学校、进企业、进寺观教堂的“六进”操作手册，对示范区创建的工作流程图、组织申报的程序、实施创建的方式、开展验收、获得命名与授牌，都详细地做了规定和说明，针对不同的示范单位、示范点制定相应的创建方案，突出特色和核心；制定了创建活动示范

测评指标，列出一级指标、二级指标、测评标准、分值和测评方法，使各级各部门的创建工作得以量化，为示范州、示范县（市、试验区）、示范单位对标创建活动提供了参照标准和自评自查依据。

铜仁市在做好民族团结进步创建进机关、进企业、进社区、进乡镇、进学校、进寺观教堂“六进”活动“规定动作”的基础上，丰富了进军（警）营、进工（农）业园区内容，从全省要求的“六进”扩展到“八进”创建活动。民族团结进步模范单位创建涉及机关、企业、学校、寺观教堂、村（社区）、乡（镇）、工（农）业园区、军（警）营等，做到党政机关、企事业单位全覆盖。为做到以点串线、以线连片、以片带面的示范区建设格局，分别从全市区（县）及市直机关部门中重点培育“八进”示范点，松桃、玉屏、印江3个自治县先后被国家民委授予“全国民族团结进步创建活动示范县”荣誉称号。截至2018年底，铜仁市有17人获“全国民族团结进步模范个人”称号，10家单位获“全国民族团结模范集体”称号。

四、开展以会代训、以会促创工作，深入推进创建活动

通过开展民族团结进步繁荣发展专题培训、理论研讨、以会代训工作，深入推进示范区创建活动，是贵州省创建工作中的亮点之一。黔东南州民宗部门借助创建活动积极牵头承办了各类省级以上活动或会议，包括“中国·贵州·凯里苗族”文化论坛、全省民族文化进校园推进会、全省少数民族节庆观摩会、全国“独竹漂”邀请赛、中国侗族北部方言区文化旅游合作论坛研讨会、全国侗族文化遗产保护与利用学术研讨会、贵州省民汉双语服务基地共建座谈会、“贵州黔东南·台湾民族一家亲、牵手两岸情”民俗文化交流座谈会、全省侗汉双语人才培训会、全国民族语文工作现场会、全省扶持人口较少民族

发展工作推进会、全省民间信仰事务管理工作现场推进会、全省民族银饰传承人高级研修班培训、建州60周年成就展、国家民委“少数民族传统文化信息资源库”建设研讨会等，这些活动或会议促使民族团结进步繁荣发展创建的载体不断丰富、创建活动不断深化。

黔南州通过“走出去”和“请进来”的方式，组织由各县（市、区）党委或政府分管领导，县民宗局局长和部分州直相关部门、高校负责人员组成的观摩学习团，赴铜仁市观摩学习创建全国民族团结进步示范市的工作经验，同时举办创建工作业务培训班，邀请专家为创建工作作专题讲座，全面提升全州各创建单位、创建工作人员对创建工作的认识。

黔西南州定期组织各级各部门进行民族团结进步创建工作的经验交流与座谈，在交流中自评与互评，不断巩固创建成果，确保创建工作取得显著成效。2016年11月，黔西南州举办了创建全国民族团结进步示范州推进会，会上兴仁县鲁础营回族乡、兴义民族师范学院、册亨县、州公安消防支队汇报和交流了示范区创建的主要做法和经验。兴仁县鲁础营回族乡在创建工作中最突出的亮点是以党建统领全局，在创建过程中乡党委始终把民族工作放在首位，从制定民族团结进步创建活动实施方案，开办“周一夜校”组织党员干部加强对民族理论政策法规的学习，以各村、学校党支部为单位开展形式多样的民族团结进步创建活动，到制作各类宣传媒介，开展党的群众路线教育实践活动等，都离不开乡党委的领导。兴义民族师范学院在创建工作中最大的亮点是彰显民族性和师范性，在传承和弘扬地方优秀民族文化、培养民族创新人才方面着力，以民族团结创建活动“六进”为载体，切实开展民族团结进步教育活动，增强了各民族间的相互了解、相互尊重和相互包容，营造了各民族师生不断交流与融合的良好氛围。册亨县创新利用“跨省区联合党支部”平台，加强广西交界区域民族的

交往交流，促进社会和谐稳定；创新集市警务流动服务站（点）建设，把维护民族团结、社会稳定工作开展到群众家门口，夯实了社会管理工作的群众根基；深入推行群众公开提事、联席会议议事、民主表决定事、定点集中办事和严格制度监事等政策，更好地解决和服务群众“最后一千米”的问题。这些创新载体的做法是册亨县创建工作中的最大亮点。黔西南州公安消防支队在贯彻落实中央民族工作会议精神上彰显了本单位的特色，支队党委把学习贯彻中央民族工作会议精神同消防部队工作实际紧密结合，深入研究多民族群众聚居地区消防工作的特点，掌握了消防工作与民族团结工作发展的客观规律。在工作过程中，支队党委常委率队走访少数民族村寨150余次，征集改进工作方法意见、建议300余条，结合消防工作实际制定促进民族团结工作措施20余项。此外，安龙县平乐民族小学、安龙县民族和宗教事务局、义龙新区顶效镇、贞丰县等示范区也进行了创建活动经验交流，其中，安龙县与广西隆林县通过开创跨省（区）“联姻党建”模式成立了“桂黔平班库区经济联合体党总支部”，共同推进两县、沿南盘江两地的经济社会发展和民族团结，实现了两地群众期盼的“跨省跨江无疆界、共同发展是一家”的夙愿，为县与县接壤地带提供了可复制的基层党建新模式。

第二节　促进经济后发赶超，夯实民族团结进步经济基础

经济发展是解决民族地区各种问题的“总钥匙”，是民族团结进步繁荣发展的基础，民族地区的很多问题归根结底还是经济发展的问题。

在推进民族团结进步繁荣发展示范区创建过程中，贵州省委、省政府针对少数民族地区基础差、底子薄、要素发育不全、发展难度较大以及少数民族与全国全省发展水平差距较大的现实，狠抓落实经济建设，加快推进民族地区经济发展，把解决好少数民族地区与汉族地区之间、农村与城镇之间经济发展不平衡、不充分的问题作为主要任务，紧紧围绕少数民族和民族地区与全国全省同步全面建成小康社会的目标，把民族地区的经济发展融入全省发展大局中，采取各级党委政府推动和引导各民族人民积极参与的方式，狠抓民族地区经济建设，实现经济发展后发赶超，为民族团结进步繁荣发展示范区创建筑牢经济基础。

一是编制实施发展专项规划，为自治州、自治县、民族乡创建示范区提供行动指南。编制实施《“三个自治州”等民族地区发展专项规划》，把三个自治州建设成为承接产业转移、旅游休闲度假、民族文化保护和生态文明示范区，努力推动民族地区经济增长指标高于全省平均水平。

二是加大基础设施建设和生态建设力度。加快推进民族地区铁路建设，重点实施南昆、黔桂铁路扩能改造工程，规划建设隆昌至百色贵州段铁路，争取将毕节经水城至兴义、都匀经凯里至黔江、兴义至永州等铁路纳入国家规划。加快都匀至西昌、毕节至兴义、松桃经铜仁至黎平、赤水经正安至沿河、贵阳至瓮安、安康经南川至麻江、赤水经罗甸至百色等公路项目建设。2015 年基本实现县县通高速公路，到 2020 年基本实现村村通沥青（水泥）路。改扩建黎平、兴义、荔波等机场，开工建设黄平机场，开展威宁、罗甸等机场前期工作；重点推进红水河龙滩等水电枢纽通航设施建设，加快推进都柳江干流航电，结合梯级开发，尽快建成三板溪库区航运工程，发展库区航运特别是旅游客运。加快民族地区能源通道建设和实施 500 千伏独山至桂南电力外送新通道建设，加快建设兴仁至独山南部电力通道。加大民族地

区水利和生态建设力度，积极推进马岭大型水库、紫云黄家湾等一批大中型水源工程建设，支持开展龙滩二期工程研究论证。继续推进南、北盘江流域水环境综合整治，实施万峰湖饮用水水源地环境综合整治工程，加强草海等湖泊环境保护和综合防治。加强清水江、都柳江等流域综合治理。争取把黔东南州作为国家生态补偿试点地区，推进雷山县、印江县、荔波县、剑河县等国家生态文明示范工程试点县建设。

三是加大经济结构调整力度，大力发展民族地区特色经济和优势产业。按照发展现代农业的要求，加快发展特色优质高效农业，推进农业规模化、集约化和产业化发展，促进农业增效、农民增收。规划建设黔东南州、黔南州生态农业示范区，黔西南喀斯特山区特色农业示范区；支持黔东南州建设供港蔬菜基地，加快建设榕江县、独山县和册亨县等蔬菜批发市场；支持黔东南州建设西南林产业基地，黔南州建设中药材、茶叶种植基地。

四是大力实施工业强省战略。发展民族地区能源产业，加强“西电东送”火电基地电源点建设，加快建设清江、普安等一批大型坑口电厂和路口电厂；稳步推进南、北盘江和乌江等重点流域梯级水电开发，积极开发生物质能、风能、太阳能等新能源。大力发展民族地区资源勘探和深加工产业，加大民族地区矿产资源整装勘查力度，大力推进民族地区优势资源就地转化工程，加快民族地区优势产业及龙头企业发展并形成示范。重点抓好凯里市、黄平县、瓮安县、龙里县、务川县、正安县和道真县片区铝土矿，黔西南州金矿，松桃县锰矿，罗甸县软玉等矿产资源的整装勘查。积极发展非金属精细化工，推进黔东南州建设全国精细碳酸钡生产和研发基地、钡化工基地建设；加强磷矿资源整合，建设瓮安—福泉磷煤化工产业带，推进磷化工产业的精细化、集约化发展；支持黔西南州建设西江上游经济区的能源化工、原材料加工基地，重点建设黔西南州安龙重化工基地；加快推进务川县、正安县和道真县煤电铝一体化基地建设。积极发展民族地区特色轻工业和战略性新兴产业。积极推进中药现代化，大力培养生物医药、生物育种产业，扶持民族特需商品定点生产企业发展。

五是大力发展民族地区现代服务业和旅游业。加大雷公山、草海、荔波等精品景区建设力度，加强镇远、西江等历史文化名城、名村以及旅游资源富集城镇的保护和建设。支持黔南州将南部8个县捆绑建立“黔南民族生态旅游区”，围绕500米口径球面射电望远镜项目建设发展科普旅游业，培育“水墨金州”等一批旅游休闲度假胜地。推进民族地区区域性流通贸易交易市场建设，建立西南民族药材交易市场，支持黔西南州建设滇桂黔三省结合部商贸物流中心。

六是加快民族地区城镇化进程，推动民族地区城乡协调发展。促进民族地区中心城市加快发展，将自治州政府所在地的县级市培育成为区域性中心城市，支持凯里—都匀一体化发展，积极构建兴义城市圈，支持黔东南州实施凯里—麻江同城化发展。推进贵阳市至各自治州中心城市城镇带建设，加强贵阳市和都匀市、凯里市、兴义市等区域性中心城市的联系，促进要素流动和功能整合。积极培育发展民族地区各具特色的中等城市和特色小城镇，推进资源型城市可持续发展。

七是实行差别化政策，推动民族地区经济总量排位靠后的县加快发展。采取引导现有专项资金优先安排发展项目、提供人才支持、整合行政区划资源等方式，制定有针对性的差别化政策措施，帮助民族地区经济总量靠后的县加快发展。

贵州省各自治州按照省委、省政府的决策部署，因地制宜采取了相应措施促进民族地区经济的发展。黔东南州紧扣同步实现小康目标，着力加强民族地区基础设施建设，将民族地区重点基础设施建设列入全州中长期发展规划，在项目申报、审批、投资等方面予以倾斜。积极支持民族乡经济发展，主要体现在三个方面：一是帮助做好民族乡

经济发展规划和项目建设，州、县及相关部门把支持民族乡经济社会发展纳入总体规划、专项规划和年度工作计划，指导帮助民族乡搞好经济发展规划，并与其他专项规划相互衔接。加大民族乡项目建设前期工作扶持力度，帮助民族乡搞好项目策划，编制好民族乡的优势项目，并积极向上申报、对外招商引资。发改委等项目主管部门在编制项目规划、安排相关投资项目时尽量向民族乡倾斜；民族工作部门协助民族乡抓好民委系统相关项目的申报立项工作，在政策措施、资金安排、项目实施等方面向民族乡倾斜，努力改善民族乡的发展条件。二是积极扶持发展特色优势产业。因地制宜地帮助民族乡制定产业发展规划，并在项目和资金安排上给予倾斜，确保每个民族乡有1~2个重点扶持的产业，建立产业化基地。扶持民族乡依靠自然资源和生态优势发展农、林、畜产品，做大规模，打造品牌，形成特色优势产业；利用民族文化资源和田园风光发展旅游业和休闲农业，开发民间工艺品，带动第三产业发展；依托当地产业园区和小城镇扩大招商引资，发展资源深加工产业，逐步培植壮大民族乡工业经济。各级各部门对民族乡的特色产业提供了优惠的政策、资金和技术支持。三是设立专项资金，加大财政支持力度。将州和民族乡所在县少数民族发展资金重点用在支持民族乡经济社会发展上，州级财政设立扶持民族乡发展专项资金，纳入财政预算，资金基数为400万元，并随着财力增长而增加，主要用于民族乡每年专项补助、逢十周年乡庆补助和支持民族乡发展基础教育、干部人才培养、民族文化保护与传承和解决民族乡特殊困难等。

黔南州在促进民族地区经济发展上的具体做法包括：一是深入实施“一圈两翼”发展战略，着力打造“泛都匀”经济圈、环贵阳经济带、生态文明示范区，推动错位发展、差别竞争、特色取胜，努力构建主体功能定位清晰、国土空间高效利用、区域经济优势互补、人与自然和谐相处的区域协调发展格局；二是加快转变经济发展方式，坚持农业稳州，推动农村产业融合发展，促进农业“接二连三”“农业185工程”在全省推广；三是实施工业强州战略，全力盘活存量、扩大增量，统筹推动传统优势产业转型升级、新型产业快速发展，推动现代服务业加速发展。黔西南州在推动全州经济社会发展后发赶超方面的做法包括：加快推进铁路、高速公路、库区航运、机场、输电通道、联网设施、水源工程等的建设，推进南、北盘江流域水环境综合整治，加快农业示范园区建设，发展特色轻工业、现代旅游业和战略性新兴产业，建设滇桂黔三省结合部商贸物流中心等。

第三节　持续推进民生改善工程，增强各族群众获得感

习近平总书记指出，民生工作离老百姓最近，同老百姓生活最密切。“保障和改善民生要抓住人民最关心最直接最现实的利益问题，既尽力而为，又量力而行，一件事情接着一件事情办，一年接着一年干。坚持人人尽责、人人享有，坚守底线、突出重点、完善制度、引导预期，完善公共服务体系，保障群众基本生活，不断满足人民日益增长的美好生活需要，不断促进社会公平正义，形成有效的社会治理、良好的社会秩序，使人民获得感、幸福感、安全感更加充实、更有保障、更可持续。”[①] 贵州省委、省政府深入贯彻落实习近平总书记关于民生工作的重要指导思想，始终坚持以人民为中心的发展理念，扎实推进

① 习近平：《决胜全面建成小康社会　夺取新时代中国特色社会主义伟大胜利——在中国共产党第十九次全国代表大会上的报告》，新华网 http：//www.xinhuanet.com/politics/19cpcnc/2017-10/27/c_1121867529.htm。

各项社会事业发展，着力补齐民生短板，营造民族地区团结和睦的氛围，增强各族群众的获得感、幸福感、安全感。

一、稳步推进扶贫攻坚第一民生工程

按照国务院批复的区域发展与扶贫攻坚规划要求，贵州省认真编制实施武陵山区、乌蒙山区和滇桂黔石漠化地区区域发展与扶贫攻坚规划，以推进民族地区跨越发展为重点，培育特色优势产业，促进民族地区经济社会加速发展，实现后发赶超。把建设民族团结进步繁荣发展示范区与扶贫攻坚示范区建设结合起来。稳步推进扶贫攻坚第一民生工程，增强连片贫困民族地区的自我发展能力。抓好武陵山区、乌蒙山区、滇桂黔石漠化地区 42 个民族自治地方县和麻山镇、瑶山乡等深度贫困区域的扶贫攻坚工作，着力解决好民族贫困地区产业不够集中连片、统筹协调发展不够平衡的问题。按照全省扶贫产业布局，在有条件的地方实施区域性连片开发，重点发展核桃、中药材、茶叶、蔬菜、油茶、草地生态畜牧业和乡村旅游等扶贫特色产业，抓好民族特色旅游商品的开发、生产和销售。做大做强产业基地，扶持农产品加工企业发展，鼓励和扶持贫困农户积极从事与当地产业发展相配套的包装、运输、物流、销售等行业，发挥产业规模化效应，打造一批产业扶贫亮点。

紧紧围绕贵州省委、省政府在扶贫攻坚上的总体部署，各市州将民族团结进步繁荣发展示范区建设和扶贫攻坚示范区建设结合起来，以脱贫攻坚统揽经济社会发展的全局，聚焦“两有户、两因户、两无户、两缺户”，坚持“六个精准”“六个到村到户”“四个到县”，扎实推进民族地区脱贫攻坚各项工作。黔东南州在脱贫攻坚中的主要做法：一是大力发展特色产业脱贫，以发展农村种植与养殖业为载体，积极探索“公司+合作社+基地+农户”的经营模式，实现融合发展，抱团脱贫。通过小额扶贫“特惠贷”等扶贫开发资金项目政策扶持发展产业，大力实施“美丽乡村，四在农家”乡村旅游建设，带动群众脱贫致富。二是实施生态补偿机制，按照“守住发展和生态两条底线”的总要求，大力实施生态补偿脱贫，将符合条件的建档立卡贫困人口就地转为生态护林员。自2016年底实施生态护林员选聘政策以来，州生态护林员人数逐年递增，待2019年9月上旬各县完成2019年度新增中央财政生态护林员选聘后，全州在聘生态护林员将达到19494名。按照新一轮退耕还林工程补助资金1600元/亩的标准，分5年3次足额兑现给退耕还林户。2018年全州共投入8193.6万元，在凯里市、麻江镇、黄平县等11个地区实施5.121万亩新一轮退耕还林，涉及贫困人口约0.96万人，使贫困户通过经营林业产业达到脱贫致富的目的。在公益林补偿中，受益农户共计51万户，总受益人数208万人，涉及贫困人口28万人。三是实施小康建设均衡提升工程，包括实施少数民族聚居村小康创建提升工程、县县小康创建提升工程和乡镇小康创建提升工程。四是推进教育事业发展。扶贫先扶智，教育是促进民族地区脱贫致富的智力支持，黔东南州在教育扶贫上的经验体现为四个“实施”，即实施办学条件扩容改善计划、实施精准资助惠民计划、实施民族乡招生倾斜和人才培养计划、实施职业教育脱贫计划。

二、推进人口数量较少民族优先发展

人口数量较少民族贫困村是指贵州省人口在5万人及以下的少数民族占全村总人口30%以上的贫困村。全省有5万人口以下的瑶族、壮族、仫佬族、畲族、毛南族、羌族聚居的贫困村共计65个。人口数量较少民族贫困村的整体脱贫，是贵州省决战脱贫攻坚的关键。省委、

省政府认真组织实施《贵州省扶持人口较少民族发展专项建设规划》，将毛南族和仫佬族聚居区建设成为优先发展区，努力提高毛南族、仫佬族聚居区群众的生产生活水平。以黔东南州为例，在推进人口数量较少民族脱贫工作上的亮点有：一是深入调研，摸清底数。围绕人口数量较少民族贫困村的基本情况、整体脱贫需求、需帮扶的建设项目、需上级给予支持的特殊政策措施等开展了全面调研，摸清底数，进行了建档立卡工作。二是建立机制，完善网络。建立黔东南州扶持人口数量较少民族贫困村整体脱贫工作领导小组，领导小组下设办公室在州民宗委；建立人口数量较少民族贫困村扶贫工作网络，涉及县市、乡镇明确分管领导和联络员，贫困村明确联络员。三是拟定方案，明确责任。拟定了《黔东南州扶持人口数量较少民族贫困村整体脱贫实施方案》《46个人口数量较少民族贫困村脱贫攻坚工作实施方案》，明确总体目标，进行责任分解，实行州、县（市）、乡（镇）分级负责机制。四是落实资金，加大投入。通过完善机制，整合资源，加大对人口数量较少民族贫困村的优先扶持。五是协调配合，形成合力。通过民族工作联席会议制度，通报民族工作和人口数量较少民族贫困村工作开展情况，部署专项扶贫工作重大事项，定期研究解决工作推进中存在的困难和问题，加强督查指导，统筹项目资金安排，加快产业发展，推动精准专项扶贫工作。

以凯里市仫佬族为例。自2014年3月以来，凯里市启动实施人口数量较少民族贫困村整村脱贫、人口较少民族率先小康行动计划，实施了一系列基础设施建设、民生改善项目，成效显著。在经济收入方面，凯里市23个人口较少民族村寨农民人均可支配收入由2016年的7186.31元增加到2018年的12217.9元。各项监测指标基本达到人口较少民族聚居村率先实现小康的评估目标，基本实现“五通十有”“一减少二达到三提升”的发展目标。在交通建设方面，凯里市新建通组公路112千米，村寨道路硬化65.4千米，维修改造公路10千米，23个仫佬族聚居村全面实现组组通公路。在农田水利建设方面，新建拦河坝3座，维修灌溉水塘11个，水库加固3座，提水灌站建设12个，饮水工程建设8处，蓄水池建造6个。在卫生建设方面，村村有卫生室用房，建筑面积2760平方米，配套卫生医疗设施。在民族文化建设方面，建设村文化活动室3030平方米。在民居特色改造方面，新建特色寨门9座，完成下寨村54户特色民居改造等。在特色产业方面，凯里市23个仫佬族村寨实施促进经济发展产业项目37个，整合其他部门投入的项目扶持资金共15040万元，群众自筹投入共1050万元，基本完成六大产业园区的项目建设任务。其中，万亩晚熟葡萄产业示范园区辐射种植面积2万多亩，富锌米园区种植面积3000亩，无公害蔬菜园区种植3000亩，中药材园区种植2100亩，现代烤烟园区种植3000亩，草莓种植基地1000亩。园区面积约31000余亩，产业园区发展形势良好，重点将大风洞云峰和下司镇的马场等村寨作为产业精品示范点来进行打造，进一步加快推进人口较少民族聚居区全面实现小康的步伐。在社会事业方面，全市23个仫佬族聚居区实现村村有农家书屋；农家超市3450平方米；仫佬族文化长廊9座；新建民族体育文化活动场所10个，共计42195平方米；仫佬族文化陈列馆2个360平方米；踩歌堂7个2050平方米；适龄儿童入学率100%，初中阶段入学率100%，全部实现了“普九”，村村设有学前教育，初级中学4所，幼儿园14所，完小11所。全部建立了最低生活保障制度，医疗保险参合率达100%。人口较少民族聚居区看病难、上学难问题基本得到解决。①

三、全力推进扶贫生态移民工程

贵州省对居住在环境恶劣、基础设施极差、自然灾害频发地区的

① 参见《黔东南日报》，http：//dzb.qdnrb.cn/szb/pc/201909/27/ c103061.html。

少数民族贫困人口实施移民搬迁。围绕工业化和城镇化建设的要求，开展技能培训，发展后续产业，使搬迁的扶贫对象搬得出、留得住、能发展、有保障。从2016年开始，黔东南州就着眼于贫困搬迁群众生产生活条件的改善和长远发展需要，从选址、安置小区建设、配套建设、工作调度、安置方式、后续发展等多方面着手，步步为营，探索建立了“一步搬到位、六个全覆盖”的搬迁安置模式。截至2018年底，黔东南州已完成22.56万人搬迁入住任务。铜仁市实施易地扶贫搬迁的方式主要为跨区县搬迁，具体做法是将沿河、德江、印江、思南、石阡5个县和松桃自治县困难群众搬迁到铜仁市主城区碧江区、万山区、省级经济开发区大龙开发区和铜仁高新区安置，充分发挥安置地再就业、就学、就医、交通便利等方面的区位优势，确保搬迁群众生计保障和长远发展。为确保搬迁群众脱贫致富，铜仁市将产业发展及易地扶贫搬迁安置点“就业、就医、就学”三保障工作相结合，在搬迁工作中充分考虑产业配置和后续发展，结合当地的发展实际，充分以脱贫路径为搬迁核心，为搬迁群众“搬得出、稳得住、能致富”奠定了坚实基础。截至2018年11月30日，铜仁市已完成易地扶贫搬迁入住17.7万人，其中跨区县搬迁5.68万人。

此外，贵州省在推进教育、医疗卫生、社会保障、生态文明建设等社会事业的发展上，也积累了一定的经验。如黔东南州在推进教育方面，大力实施“教育兴州”战略，高度重视农村义务教育一体化发展，2018年，全州16个县（市）先后通过了国家义务教育均衡发展验收。在中小学实行“两免一补”政策，义务教育阶段学生全部免费提供教科书、免除学杂费，初中贫困生享受生活补助；420万人次学生享受免费营养午餐，农村寄宿制学校建设“十有”经验在全国推广，凯里学院成为贵州省唯一列入教育部数据中国“百校工程”首批试点高校。从2012年开始，在凯里学院、州职业技术学院、州民族高级中学分别开设五年制专科民族班、临床医学专科班和寄宿制高中民族班，专招民族乡学生和仫佬族学生，促进民族乡教育发展。在医疗卫生方面，全面推行新型农村合作医疗，全州参合人数约413.16万人，参合率达99.64%。在社会保障方面，将农村绝对贫困人口全部纳入了农村低保，建立了从制度上抑制贫困的工作机制，建立健全城乡社会保障体系和社会救助体系，不断完善基本养老、医疗、失业、生育保障制度。在生态文明建设方面，推进生态文明示范州建设，具体做法如下：一是积极推进全域旅游，用好民族文化和生态环境两个优势努力打造国内外知名民族文化旅游目的地。二是大力发展生态经济，实施林业倍增计划，推进“两江一河”生态经济示范区建设。三是全面落实主体功能区规划，提高重点开发地区产业和人口集聚度，实行重点生态功能产业准入负面清单，划定生态保护红线区域，构建“两屏三带”生态安全格局。四是大力实施生态建设工程，深入实施生态建设、水利建设和石漠化综合治理“三位一体”规划，建成一批全国生态文明建设示范县（市）、示范乡（镇）、示范村（社区），创建一批国家环境保护模范城市。五是健全生态文明制度体系，完善自然资源资产产权和用途管制制度，加快自然生态空间统一确权登记，落实省级以下环保机构监测监察执法垂直管理制度，建立和完善环境保护综合督查制度。六是全面加强环境治理和保护，实行环境保护制度，加强饮用水源地污染综合整治，实施重点流域环境保护河长制，加大城乡生活污水垃圾处理设施建设力度，实施近零碳排放区示范工程，严格环境执法司法，严厉打击污染环境、破坏生态等违法犯罪行为。

黔南州积极推进民族地区上学、就医、住房、饮水、行路等民生工作的改善，促进科技、教育、卫生、体育等社会事业的发展，取得了显著成效。加快“四在农家·美丽乡村”建设，其中，20个镇被列为“全省100个示范小城镇”，20个村寨被列入“中国少数民族特色

村寨”，158 个村寨获省级“少数民族特色村寨”，“四在农家·美丽乡村”建设很好地促进了农村更加繁荣、农业更加发展、农民生活更加富裕。黔西南州在改善和保障民生上，主要从扶贫攻坚、就业创业、社会救助、城乡医疗服务体系、民族医疗卫生队伍建设等方面着力，切实处理好民族地区群众最关心最直接最现实的问题。

第四节　推进文化繁荣发展，夯实民族团结进步文化基础

文化自信是一个民族发展中更基本、更深沉、更持久的力量，推进民族文化大繁荣大发展是增强民族自信、文化自信的根本途径。贵州省着眼于民族文化的保护传承、创新发展开展了一系列创建活动，为推进民族文化大繁荣大发展，促进各民族团结进步奠定了文化基础。

一、加大民族文化保护传承力度

贵州省在挖掘、整理、保护和传承民族文化上的具体做法有：一是在创新中保护传承。推动少数民族特色村寨的保护和发展、扩大少数民族特色村寨品牌影响力和辐射力、发挥命名挂牌村寨的典型示范带动作用、促进全面建成小康社会。通过出台民族文化村寨保护条例、传统村落保护法规等方法加强对中国传统村落的保护。据统计，贵州省至今共有 724 个村寨被列入“中国传统村落名录”，213 个少数民族村寨被命名为“中国少数民族特色村寨”，其中，黔东南州就有 409 个“中国传统村落名录”，94 个“中国少数民族特色村寨”。通过发行影

视作品、建设云平台数据库、开展民族传统知识产权保护等方式，加大对传统村落、民族村寨、民族传统技艺的保护和传承。二是在展示中保护传承。通过大力支持民族节庆活动，使节庆活动成为展示优秀民族文化的重要载体。从州、县、乡、村四级着手，通过扶持建设一批世居少数民族文化图书馆、文化馆、综合文化站、农家书屋、博物馆和陈列室等，集中展示世居少数民族的优秀文化，使濒临消失的世居民族文化得到了有效保护。通过参与和承办少数民族传统体育运动会、少数民族文艺会演等活动，展示和传播优秀民族文化，切实提高了优秀民族文化的知名度。三是在“非遗”保护中传承。实施民族文化立体传承行动计划，包括建立非物质文化遗产保护运转机制，加大非物质文化遗产项目和保护专项资金的申报力度。通过保护队伍和培训传承人，构建非物质文化遗产保护网络，创新保护传承工作新形式，创新传承保护民族工艺新路子等。四是在研究中保护传承。构建民族文化传承保护路径载体，在地方院校成立和创建民族医药研究基地、民族古籍研究基地、原生态民族文化研究基地、民汉双语服务基地和民族体育文化研究基地等，形成一批民族文化研究保护运用的平台。五是在教育中保护传承。在各自治州广泛实施民族文化进校园工程，自治县（市）和学校自行编印试行的民族民间文化教材，积极开展双语教育，创办民语报纸、杂志和读物等，努力实现语言文字平等。

二、创新发展民族文化产业

贵州省提出建设多彩贵州民族特色文化强省战略，以民族文化产业助推旅游经济发展。具体做法是：推进文化旅游深度融合，充分发挥民族文化在构建全域旅游体系中的核心作用，通过打造“千户苗寨——西江”“千年侗乡——肇兴”等一批民族乡村旅游景区景点，使

民族文化资源转变为经济发展的动力。大力发展“民族文化+”新业态，建设民族文化影视基地、数据库，加快培育一批民族特色文化产业基地，打造一批民族特色文化品牌，如建成黔东南凯里民族文化创意产业园等一批文化产业基地。为了进一步增强文化自信，实施优秀民族文化“走出去”战略，各自治州还编辑出版了有关苗族、侗族和布依族等主体少数民族的一批民族文化书籍。

三、创建民族体育训练基地，推动民族传统体育发展

民族传统体育是民族传统文化宝库中的一个重要组成部分，创建民族体育训练基地是推动民族传统体育向前发展的重要手段。贵州省加强少数民族传统体育挖掘整理和创新发展，建设了一批少数民族传统体育训练基地，在乡（镇、街道）推广少数民族传统体育项目。

黔东南州的民族传统体育基地建设是贵州省较为闪耀的代表。从2004年起，根据贵州省民宗委和贵州省体育局的工作安排和要求，黔东南州先后建立了麻江、镇远、施秉、锦屏4个龙舟训练基地和振华民族中学、凯里学院2个综合项目训练基地。2013年，国家民委和国家体育总局命名贵州省麻江县下司龙舟训练基地为“全国少数民族传统体育示范基地”。2014年，根据民族体育发展的情况，黔东南州民宗委、州文体广电新闻出版局和州教育局联合评选命名了黎平县第三中学等12个州级综合训练基地和麻江县宣威镇卡乌村1个龙舟训练基地。截至目前，全州共有国家级民族体育示范基地1个，省级训练基地6个，州级训练基地13个。自创建训练基地以来，相关县成立了基地管理工作领导小组，负责统筹安排基地的训练工作。龙舟基地所在县还成立了民族体育协会，以进一步协助推进工作进程。如镇远县成立了镇远龙舟协会，锦屏县成立了锦屏龙舟运动协会等。为使龙舟训

练工作走上制度化、规范化，基地还先后制定出台了一系列管理制度，如镇远县制定了《器材管理制度》《水上安全制度》《龙舟训练制度》等。为了调动工作积极性，落实部门责任，部分基地所在县已率先把基地建设工作纳入政府年终考核内容并实行奖惩制度，形成了良好的领导和工作管理运行机制。积极探索"产业+旅游"的发展路径，如今，端午节龙舟赛已成为贵州多地重要的文化名片；龙舟竞赛成为黔东南州凯里少数民族群众的重要就业门路；黔东南州台江县民族体育器材厂已成为高脚、板鞋等器材的全国主要供货商之一，带动了当地群众就业增收。

第五节　健全民族工作机制，推进民族团结进步事业发展

贵州省委、省政府着力加强党对民族工作的领导，健全民族工作机制，贯彻落实党的民族政策、保障少数民族合法权益、培养高素质少数民族人才队伍，开创民族团结进步事业的新局面。

一、贯彻落实好"一法两规定"和党的民族政策

第一，加强民族政策法规的宣传学习，着力提高干部群众执行民族法律法规自觉性。主要经验有：一是学习宣传形式灵活多样。各级党委、政府紧紧抓住"各民族共同团结奋斗，共同繁荣发展"的民族工作主题，高度重视以"一法两规定"（《中华人民共和国民族区域自治法》《国务院〈实施中华人民共和国民族区域自治法〉若干规定》

和《贵州省实施〈中华人民共和国民族区域自治法〉若干规定》）为主的民族法律法规、民族政策的宣传教育工作，成立学习宣传和贯彻实施“一法两规定”工作领导小组。二是学习宣传制度、健全规范。具体从四个方面开展工作：一是不断修订和完善学习宣传制度，各级党委政府和部门结合实际，把学习宣传和贯彻实施“一法两规定”列入重要议事日程，明确学习任务、落实学习计划、检查学习效果。二是建立常态化座谈制度，总结和交流贯彻实施的经验，分析存在的问题，使干部群众特别是领导干部学习宣传和贯彻实施“一法两规定”的自觉性和主动性得到增强。三是将《民族区域自治法》学习列入干部职工普法学习内容和领导干部任前考试内容；纳入党校（行政学校）和大中小学教学内容；纳入公务员法律知识考试和行政事业单位公开遴选及事业单位公开招考内容。四是利用各级党委全委会、经济工作会、组织宣传统战工作会等统筹安排和部署学习宣传工作。

第二，贯彻实施民族区域自治法规。黔东南州依照全州的政治、经济和文化特点，认真制定自治条例和单行条例，并出台了相关配套文件，推进自治州快速发展，让民族团结进步繁荣发展示范创建活动有法可依。具体做法为：一是修订完善自治条例，为自治州经济社会发展保驾护航。1988 年制定实施的《黔东南苗族侗族自治州自治条例》，随着经济社会发展的需要，在广泛调研和征求意见的基础上，于 2006 年对其进行了修订。二是依法制定单行条例，为自治州经济社会发展提供保障。先后制定了《黔东南苗族侗族自治州档案管理条例》《黔东南苗族侗族自治州农村消防条例》《黔东南苗族侗族自治州舞阳河风景名胜区保护条例》《黔东南苗族侗族自治州里禾水库水资源保护条例》《黔东南苗族侗族自治州城乡规划建设管理条例》《黔东南苗族侗族自治州民族文化村寨保护条例》《黔东南苗族侗族自治州镇远历史文化名城保护条例》《黔东南苗族侗族自治州促进非公有制经济发展条例》《黔东南苗族侗族自治州生态环境保护条例》《黔东南苗族侗族自治州苗医药侗医药保护发展条例》等12个单行条例，这些条例为促进黔东南州经济社会发展提供了良好的法制环境。三是出台相关配套文件。全州出台了《关于进一步加强民族工作加快民族地区经济社会发展的意见》《黔东南苗族侗族自治州仫佬族发展“十二五”规划》《中共黔东南州委州人民政府关于加快民族乡经济社会发展的意见》《黔东南州人民政府办公室关于印发州民族事务委员会实行委员制的通知》《黔东南州人民政府办公室关于成立黔东南州落实民贸民品优惠政策工作领导小组的通知》《中共黔东南州委　黔东南州人民政府关于加强和改进新形势下民族工作的实施意见》《中共黔东南州委　黔东南州人民政府关于加强和改进新形势下宗教工作的实施意见》等，编制了《黔东南州民族团结进步繁荣发展示范区创建规划》，建立了“黔东南州民族事务兼职委员单位制度”。特别是自2013年以来，全州将民族团结和睦指数纳入《贵州省以县为单位全面建成小康社会统计监测指标体系》，丰富了民族团结进步繁荣发展示范创建活动内容。

二、保障少数民族合法权益

加大对少数民族地区的资金投入，完善政策措施，认真贯彻落实党和国家民族政策，保障少数民族在政治、经济、文化、教育、社会等各个领域的平等权利和合法权益。一是设立少数民族发展专项经费。自治州专门设立了少数民族一般补助专项经费，在财政支出中增设民族发展资金和民族教育专项经费。二是保障少数民族公民使用本民族语言的权利。积极开展双语教育，努力实现语言文字平等。三是保护和发展原生态民族文化。实施民族文化“四个一百”和“十个一”工程，积极构建民族文化保护传承的有效载体。四是扶持民族乡加快发

展。自治州认真贯彻实施《民族乡行政工作条例》，在政策措施、资金安排、项目实施等方面向民族乡倾斜，努力改善民族乡的发展条件。五是落实少数民族招考政策，保障少数民族在求学、求职、就业上的平等权利。少数民族学生参加中考、高考适当加分，大中专院校定向招收少数民族贫困学生；为保障少数民族在求职、就业上的平等权利，在公务员招考时，少数民族考生享有优惠5分的照顾政策。

三、抓好干部队伍建设，提高示范区创建的凝聚力

高度重视少数民族各级各类人才的培养，在自治州民族院校开办少数民族双语预科班、少数民族精英班等；大力培养选拔少数民族干部，举办少数民族干部培训班，充分发挥少数民族干部在民族团结进步中的凝聚与示范作用；降低公务员招考门槛，破解民族地区特困乡镇招人难问题，在招考公务员时划出相应的名额招收少数民族考生，大力培养和使用少数民族专业技术人才，使少数民族干部与少数民族人口比例相适应。

四、加强民族团结，增强各民族幸福感

加强民族团结是促进民族地区长治久安的根本保障，也是民族地区繁荣发展的前提与基础，各州在加强民族团结上的主要经验有：依法妥善处理民族矛盾纠纷，严厉打击各种犯罪活动，创新社会综合治理方式，构建多样化群众投诉信访渠道，充分保障各族群众的合法权益，及时消除不稳定因素，融洽民族关系；全面贯彻党的民族政策、宗教政策，依法加强宗教事务管理，保持宗教领域的稳定；把创建宗教关系和谐示范区工作作为民族团结进步创建活动进宗教活动场所的

重要内容之一，通过创建活动，使宗教界自身素质更加提高，宗教工作场所管理更加规范有序，宗教关系更加和谐，宗教界促进经济社会发展的作用更加突出；构建民族交流平台，促进各族群众交往、交流、交融。

从贵州省的民族团结进步繁荣发展示范区创建工作的具体做法中，我们可以归纳出贵州省在民族团结进步繁荣发展示范区创建工作中的一些基本做法和经验启示：首先，在创建机制上，建立健全了较为完善的创建工作机制，包括各级各部门的组织协调机制，出台制定各项规划、方案、意见在内的政策保障机制，考核、督查、奖励、问责机制，经费保障机制和宣传机制等。这些机制使创建工作形成上下联动齐抓共管的格局，避免了创建工作流于形式、走过场的情况，确保了创建活动有效、推进有序。其次，在创建内容上，涵盖了民族地区的经济发展、社会进步、民生突出问题、文化保护传承、生态文明建设、民族工作机制、民族干部培养等，可以说创建内容涉及了民族地区经济社会发展的方方面面，实现了创建全覆盖。通过示范区创建，进一步推动了少数民族和民族地区的脱贫攻坚和同步小康进程，进一步推动了民族地区社会事业的全面发展。再次，在创建方式上，注重示范建设、突出示范引领作用。榜样的力量是无穷的，通过重点打造和扶持一批先进典型，命名一批民族团结进步示范单位或示范点，引领创建工作的深入开展，是贵州省在创建民族团结进步繁荣发展示范区中的一大特色和亮点，如黔东南州将创建工作引进县（市）、乡镇、村（社区）、学校、企业，打造了一批示范点，黔南州实施了创建进机关、进企事业单位、进乡镇、进村（社区）、进园区、进军营、进学校、进寺观教堂的“八进”活动，黔西南州在创建工作中则重点突出了“十大示范”“六进”活动，铜仁市的创建工作也围绕“十大示范”任务、“八进”活动展开，毕节市则以“六进”活动为抓手，以典型

示范带动少数民族和民族地区建设。最后，在创建目标上，紧紧把握住各民族共同团结奋斗、共同繁荣发展的“两个共同”主题，力争通过民族团结进步繁荣发展示范区的创建，为推动贵州民族地区后发赶超、改善民族地区民生问题、推动民族文化大发展大繁荣、推动民族地区经济社会跨越发展等方面贡献力量。

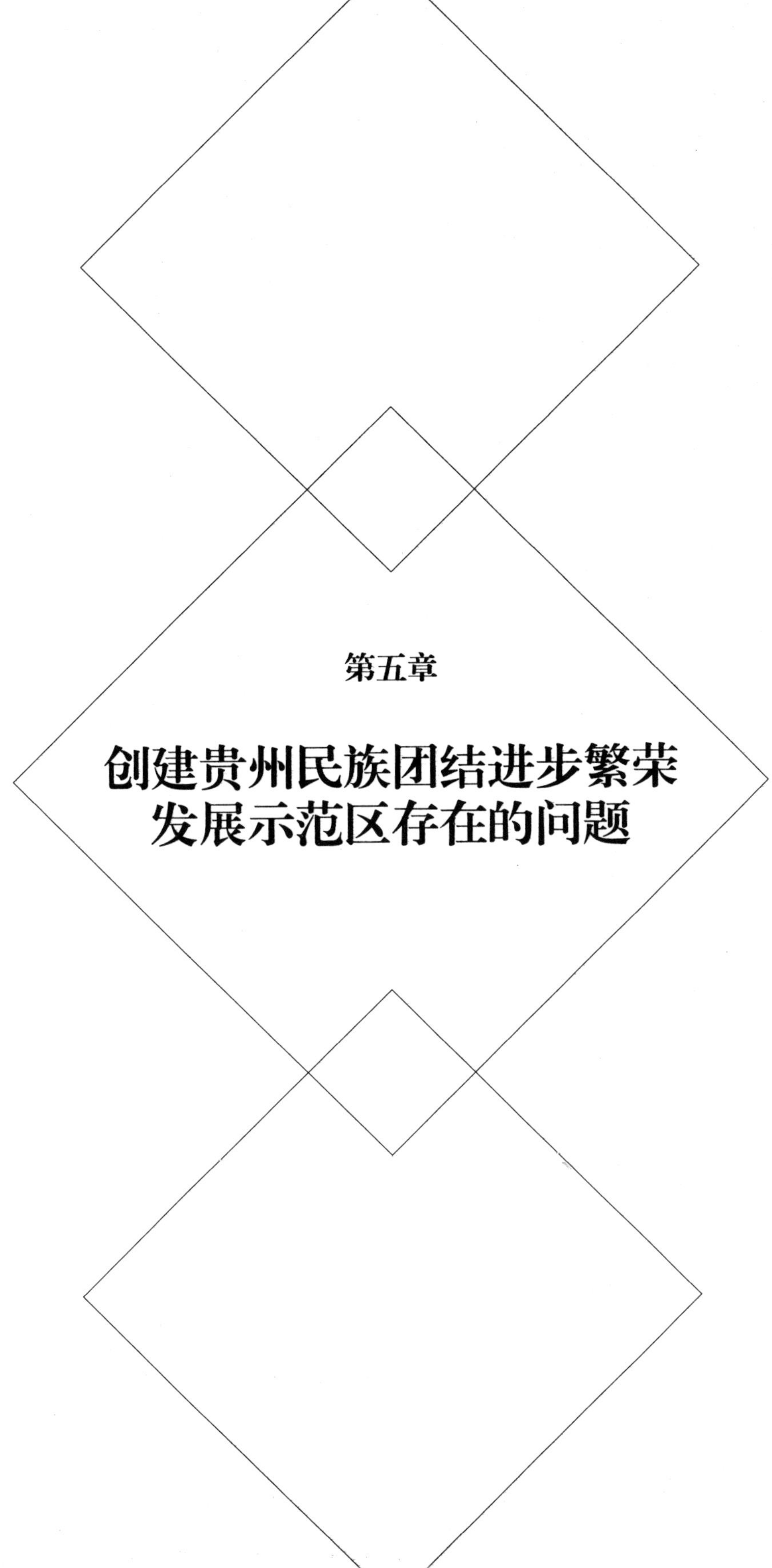

第五章

创建贵州民族团结进步繁荣发展示范区存在的问题

自2012年1月12日起，国务院颁布《关于进一步促进贵州经济社会又好又快发展的若干意见》（国发〔2012〕2号文件，以下简称《意见》）以来，贵州省委、省政府积极贯彻《意见》提出的将“贵州建设成全国民族团结进步繁荣发展示范区”的相关要求，认真落实民族政策，支持民族地区加快发展，巩固和发展平等、团结、互助、和谐的民族关系，促进民族交往、交流、交融，实现经济跨越发展和社会进步。

创建民族团结进步繁荣发展示范区，对加快实现贵州经济社会发展的历史性跨越和2020年前与全国同步建成全面小康社会的目标，具有深远和重大的意义。无论是从顶层设计，还是从地方政府的政策制定，都可以看出各级党委政府对此项工作的高度重视。民族工作是关乎党和人民事业发展全局的一项重大工作。创建民族团结进步繁荣发展示范区，是加快贵州经济社会跨越发展的重大历史机遇，也是全省民族工作今后一个时期的重要任务。在各级党委政府的高度重视下，贵州省创建民族团结进步繁荣发展示范区工作取得了一定的成效，获得了丰富的经验及启示，但是也存在一些问题。

第一节　民族地区发展落后

民族地区发展落后，是当前影响民族团结进步的根本问题，也是民族地区面临的最大问题。作为西部多民族聚居的省份及全国扶贫攻坚的主战场，贵州是全国贫困程度最深、贫困面最广、贫困问题最突出的欠发达省份。贫困和落后是贵州省的主要矛盾，而这一主要矛盾主要体现在贵州省的少数民族和民族地区上。贵州省共有3个自治州、11个自治县、193个民族乡，民族地方面积占全省总面积的68.2%，少数民族呈小聚居、大散居分布，全省88个县（市、区、特区）都有少数民族分布，这是贵州省情的一大特点。贵州省民族地区县人口占全省88个县人口总量的38.83%，但在2012年，其地区生产总值、工业增加值、固定资产投资等主要经济指标仅占22%~28%，与人口比例极不适应。可以说，少数民族和民族地区的贫困，是贵州省贫困问题的核心部分。贵州民族地区的贫困主要有以下原因。

一、民族地区基础设施建设滞后，高质量发展的基础支撑能力不足

贵州省民族地区大多地处具有典型喀斯特地貌特征的山区，山隔水阻，交通闭塞，阻碍了商品流通和信息交流。加之耕地少、坡度高，水土流失较快，自然生态脆弱。目前，贵州省民族地区存在工程性缺水问题，急需构建起发展所必需的水源保障体系。其生态方面，面临矿产资源开发的生态整治和修复、陡坡地生态和石漠化治理等问题，迫切需要开展绿水青山计划，推进天然林、防护林、重要水源和生物多样性保护。贵州民族地区大多使用传统的燃烧煤炭或秸秆的能源使用方式，对环境污染较大，促进生产的能力有限，急需重点开发利用水能、风能、太阳能、生物能等清洁能源和可再生能源，构建起水火互济，以可再生能源为主要支撑的能源保障体系。

虽然目前正在实施的“美丽乡村基础设施行动计划”，建设了一大

批“小康路”“小康电”“小康水”“小康讯”“小康房”，使贵州省的农村面貌焕然一新，但由于贵州民族地区整体交通、能源基础设施建设相对滞后，使其科学发展高质量的基础支撑能力不足。

二、民族地区产业结构亟待优化，特色产业尚未形成规模

贵州民族地区由于地处内陆喀斯特山区，受自然条件限制，历史经济基础落后，工业化起步晚；产业结构较东部发达地区仍然比较落后；经济发展不平衡现象突出，发展水平仍然较低；第一产业比重占GDP 比重仍然比较高，第二产业、第三产业占比相对较低。下一步应坚持以调整促转型，加快转变经济发展方式，实现县域经济比重、工业经济比重、城镇化率、民营经济比重“四个提高”；同时应以市场需求为导向，发挥资源优势，突出特色，切实打造真正属于自己的特色优势产业。

贵州民族地区的民族医药、烟酒茶产业和民族文化等特色产业的规模化、集约化、专业化发展程度有待提高，部分特色产业的文化打造力度与知名度还不够，没有充分发挥好品牌效应。此外，对特色民族文化资源的挖掘有待进一步深入与加强。民族文化致富带头人数量有限，民族文化产品市场化开发程度不高，具有市场发展潜力和市场竞争力的民族文化企业不多。部分民族地区民族文化遗产的传承保护面临“后继无人”、发展动力不足的困境。贵州民族地区虽然在少数民族传统文物保护、遗址发掘和古村落建设等方面做了大量工作，但在少数民族民间艺术和技艺传承保护方面，由于缺少项目、经费不足、新人培养困难等因素，导致一些世代相传的民间技艺即将消失或绝迹。

在大力开发民族村寨旅游的市场浪潮冲击下，许多民族地区出现旅游开发“一哄而上”的现象。旅游规划时教条主义、本本主义泛滥，

未充分考虑当地的历史背景和文化特色，“一刀切”现象严重。民族地区旅游业缺乏合理规划，会产生一些不利的影响：无法合理利用民族地区旖旎的山水风光、多彩的民族风情与得天独厚的气候条件发展特色旅游，无法构建观光游、休闲游、度假游和体验游相结合的旅游产业新格局，无法促进旅游与民族文化产业融合发展。

三、民族地区发展不充分、不协调、不平衡的问题仍然突出

贵州省民族地区“地无三里平”，山地多，平坝少，山区村镇交通相对不便，基础设施瓶颈制约仍未从根本上得到缓解，生产生活成本高，资源分配难以完全平衡；加之不同民族历史文化传统和受教育程度各不相同，山区和坝区各民族经济发展的起点也大不一样。目前，部分已解决温饱的群众因灾、因病返贫问题突出；对部分特困民族帮扶支持力度还不够，部分民族的整体贫困面大、贫困程度深。这种发展环境如果得不到较大改善，不仅各族群众的幸福感、获得感难以得到提升，也不利于民族团结、区域团结和共享发展。

第二节　民族地区社会建设任务艰巨

创建民族团结进步繁荣发展示范区，必须把保障和改善民生作为着力点。让民族地区的广大人民群众共同享受到中国改革开放的发展成果，是实现贵州民族地区长治久安的关键环节。作为创建民族团结进步繁荣发展示范区活动要实现的主要价值目标，进一步保障和改善少数民族和民族地区的民生问题是重中之重。然而，由于贵州省少数

民族和民族地区自我发展能力的不足，使其社会建设与社会发展任务艰巨，难以满足“共同团结奋斗、共同繁荣发展”的迫切要求。主要表现在以下方面：

一、教育发展资源相对匮乏

贵州民族地区一般地理位置偏远、自然条件较差、基础设施不足、社会保障设施落后、人才外流量大，即使是当地人员在接受高等教育后也不愿意回当地发展。此外，教师队伍不稳定也是少数民族地区教育资源匮乏的重要因素之一，部分少数民族地区环境恶劣，与发展前景较发达地区存在一定差距，因此大多数老师不愿在少数民族地区任教，教师大量外流。长此以往，少数民族地区人才不足，发展速度缓慢。农村教育经费、基础设施、师资力量不足、教学设备落后，这些都限制了民族地区农村教育的培养规模、高等院校建设以及高校办学水平。

二、卫生体育事业发展不足

贵州民族地区存在基层医疗设施不足、医务人员缺乏、基层医疗使用率不高等问题，应不断加强乡镇卫生院的建设，加快推进省、市（州）两级中医（民族医）医院建设，加大对民族医药资源、民族药产业、民族医疗卫生人才队伍的建设，将少数民族乡土医疗卫生人才吸收到卫生事业单位工作。此外，民族地区许多医务人员也面临语言不通、文化沟通存在障碍、文化隔阂以及缺少药品等情况。

三、就业机会缺乏

由于民族地区产业结构单一，加之缺乏相应的技能培训机会，使民族贫困地区的就业机会较少，就业岗位缺乏。劳动密集型产业发展不足，小型微型企业培育有限，可提供的就业岗位不多。劳动者自主创业的小额担保贷款、税费减免、场地安排等优惠政策虽有但较为有限，不足以发挥创业带动就业倍增效应。农村劳动力转移就业较为困难、劳动者素质提升缓慢，各级各类职业技术学校在职业技能培训、实用生产技术、人力资源开发等方面与用工企业关联度不强。

四、社会保障体系不够完善

由于多种因素，虽然各级、各类政府机关多方努力，贵州社会保障体系仍不够完善。城镇、农村低收入群体的各项社会保障政策并未全面落实，社会救助、帮困、扶贫体系有待完善，新型农村养老保险未全面覆盖，医疗救助制度有待完善，保障性安居工程建设和农村危房改造有待加强。总之，要真正实现各族群众“老有所养、学有所教、病有所医、住有所居”尚有较长的路要走。

五、生态文明建设任重道远

贵州省由于地质条件脆弱，导致生态系统敏感性较高、稳定性较差，整体功能退化的趋势尚未得到根本遏制。目前，贵州省广大农村因畜禽养殖污染、农药化肥污染、生活垃圾污染和工业“三废”污染等原因导致的环境恶化情况尚未得到根本改变，农村生态修复工程任务重、涉及面广；一些地区急于发展，但因发展能力不足而采取不计后果的短视经济行为所导致的环境恶化与贫困相互循环仍是问题；水电开发对环境的负面影响逐渐显现，干旱已成为近些年的常态；如何将少数民族生态观念、意识与现代发展相结合、相协调、相适应也正

处在摸索阶段；资源开发、博弈过程中潜在的矛盾，以及由此可能引发群体性事件的因素在增加。在加强生态文明体制机制建设的同时，如何建立生态工业体系和生态农业体系，同步提升经济竞争力和生态竞争力；如何实现能源开发工程向绿色基地、生态工程、民生工程转变；如何推进产业结构优化升级，加快生态经济发展；如何构建和谐人居环境，推进生态社会建设，依然是一系列颇具挑战的课题。

第三节　宣传不够深入，形式不够多元化

不断加强马克思主义民族观和党的民族政策的宣传教育工作，是贵州省长期保持经济发展、民族团结、社会稳定良好局面的一条根本经验。毛泽东同志早就深刻指出："我们无论对干部和人民群众，都要广泛持久地进行无产阶级的民族政策教育，并且要对汉族和少数民族的关系经常注意检查。"① 胡锦涛同志也反复指出："要在全社会广泛开展民族团结进步宣传教育活动，既要教育群众，更要教育干部特别是领导干部。"②

党的十八大以来，习近平总书记站在实现中华民族伟大复兴的战略高度，围绕统一多民族国家的民族团结问题上发表了一系列重要讲话，深刻回答了民族团结在新的历史条件下面临的一系列重大理论和现实问题，提出了新时代加强民族团结的新理念和新思路，内涵丰富、思想深邃，为引领全国各族人民做好民族团结工作提供了根本遵循。但当前在一些党员干部中依然存在着对于民族团结进步事业重要性认识不够的问题；存在着思想基础不够扎实，在工作中只讲经济、只讲

---

① 毛泽东. 论十大关系［N］. 人民日报，1976-12-26（1）.

② 胡锦涛. 在国务院第五次全国民族团结进步表彰大会上的讲话［N］. 人民日报，2009-09-30（1）.

业务、不讲政治、不讲大局的问题；因经济文化发展水平上的差距而引发民族之间的矛盾和摩擦的问题；各民族由于相互了解不够，加上地区、城乡、民族之间人员流动加快，随之产生的误会、纠纷不时出现的问题；由于某些人法制观念淡薄、执行政策片面偏颇等原因，伤害民族感情、损害民族团结的事情时有发生。与此同时，一些地方虽然重视开展民族团结教育活动，但存在形式单一且群众参与面不够广泛的问题。

深入开展民族团结宣传教育活动要站在党和国家事业发展全局的战略高度，必须坚持中国特色社会主义道路、党的民族政策、共同团结奋斗和共同繁荣发展、维护祖国统一不动摇，牢牢把握“两个共同”主题，牢固树立“三个离不开”的思想观念，不断增强各族干部群众对伟大祖国、中华民族、中华文化、中国特色社会主义道路和中国共产党的认同，理解民族关系是我们这个多民族国家至关重要的政治和社会关系，引导全社会巩固和发展平等团结互助和谐的社会主义民族关系，坚定自觉地促进民族地区改革发展和社会和谐。“各级党政机关、乡村、企事业单位、社区、学校、军队等都要自觉把促进民族团结进步贯穿于自身工作。”①

然而，一些地方虽然重视开展民族团结教育活动，但不能从实际出发、不能很好地突出民族团结的思想内涵，传播渠道拓展不够，宣传载体创新不足，工作长效机制不够完善，监督检查有待加强，宣传教育尚未制度化经常化等问题。个别党政部门在开展民族团结宣传教育活动时，并未真正重视、抓紧抓好，而只是流于形式、浮于表面；不能精准宣传党的民族政策和各民族共同团结奋斗、共同繁荣发展的主题，不能很好地反映我国民族团结进步事业的主流。在一些窗口行业和公共场所，民族团结宣传教育不够，理论界、教育界、知识界对

① 胡锦涛. 在国务院第五次全国民族团结进步表彰大会上的讲话［N］. 人民日报，2009-09-30（1）.

民族团结宣传教育的开展也有待加强，其对群众的积极宣传和影响带动作用并未得到充分发挥。

总之，当前的民族团结宣传教育工作并未能使党的民族理论和民族政策、国家民族法律法规为广大干部群众所真正掌握，广大干部群众维护民族团结的自觉性和坚定性还有待增强。在全社会牢固树立“汉族离不开少数民族，少数民族离不开汉族，各少数民族之间也互相离不开”的思想观念，使广大民众坚定自觉地维护国家统一和民族团结、坚定自觉地促进全省改革发展和社会和谐、巩固和发展平等团结互助和谐的社会主义民族关系，仍是各级各类政府及各民族群众在今后较长一段时间需要努力的目标和方向。

第四节　创建工作思路不够清晰，理念方法、载体形式创新不足

部分民族地区创建民族团结进步繁荣发展示范区的工作思路不够清晰，创新不足。创建民族团结进步繁荣发展示范区是一个重大的系统工程，往往与经济、政治、文化、社会等方面的因素相互交织，具有长期性、复杂性、敏感性等特点，需要地方党政机关花大力气、巧心思推动此项工作，但实际调查中我们发现，在理念方法、载体形式、推进广度深度、群众参与性和管理方式等方面仍存在不同程度的不足和欠缺。

一、理念方法创新不足

按照习近平总书记反复强调的“船的力量在帆上，人的力量在心

上。做好民族团结重在交心，要将心比心、以心换心”“做好民族工作，最关键的是搞好民族团结，最管用的是争取人心”的要求，创建活动重在平时、重在交心、重在行动、重在基层。

目前，创建民族团结进步示范区的载体平台和有力抓手不够，部分单位和党员及领导干部对民族团结示范区创建工作认识不到位、重视程度不够造成理念方法创新不足。部分干部忽视了我省是多民族聚居省份的这一最大省情，部分地方干部认为不是民族自治县、不是民族工作对口部门，自己的工作与民族工作联系少、交叉少，对民族团结进步繁荣发展示范区创建工作的重要意义不理解，对创建工作的重视程度不够，主动参与创建意识不强。部分领导没有把创建工作当作一项重要的政治任务来抓，创建过程中缺乏上下联动，整体推动不平衡，部分单位工作并没有真正秉持“以人为本”的理念，在对待民族工作的理念上仍停留在表面，未能吃透筑牢中华民族共同体的真正含义。

二、载体形式创新不足

按照省委、省政府《关于加强和改进新形势下民族工作的意见》部署，创建活动工作的载体和形式要不断创新，要巩固民族团结进步创建活动工作取得的成果。党的十九大以来，创建工作不断扩面提质、改革创新，覆盖面、影响力、感召力都有了新提升。遗憾的是，创建工作特色不足、吸引力不够、覆盖面存在盲点等问题也还存在，如有的地方“一张展板打天下”，内容枯燥、形式单一等。部分地区创建工作宣传方式不多，宣传范围不广、宣传不深入，导致宣传氛围不浓，群众知晓率低。通过走访群众和学生，受访者对“三个离不开”“五个认同”“五个维护”等民族政策知晓率低。部分地区创建主题不明

显，亮点不够突出。虽然对迎检线路、内容进行了认真筛选，但总体准备不足，许多软硬件还不完善，地方特色、民族文化遗产等挖掘力度不够。部分亮点被忽视，潜力未认真发掘。

三、广度深度拓展不足

加强和推动州、市将争创全国民族团结进步示范市、示范州作为创建活动的目标和方向，需要推动创建活动扩大覆盖面和向纵深发展。一些地方创建工作参与范围不够广泛、协同配合不够密切，存在工作合力不强，广度深度拓展不足的情况和问题。创建工作只有实实在在地惠及群众、让群众有更多获得感，才能得到群众认可、全面深入持久开展下去。与此同时，一些地方创建工作还存在“高举轻放”“雷声大雨点小”等问题，满足于创建工作停留在表面，“雨过地皮湿”，难以深入群众、深入人心。

四、群众参与示范区创建工作的积极性不高

全国民族团结进步繁荣发展示范区建设作为一项系统工程，还存在着政府相关部门积极推进但群众参与度不高的问题。政府层面基于区域整体建设、亮点打造、任务达标等目标，注重通过项目建设、完善基础设施等途径，推进民族团结进步繁荣发展示范区建设。但这样的创建模式，不够贴近群众既有的生产生活现状，无法激活现有的各类民族团结元素，群众日常活动与政府顶层设计意图有待进一步无缝对接、融为一体，导致本该作为示范区创建主体的各族群众在一定程度上参与度或积极性不高。

五、管理方式创新不足

民族团结进步创建是一项系统工程，科学规范是基本要求，也是重要保障。党的十九大以来，创建工作规范化水平迈上新台阶。同时随着实践的发展，有些原有的政策设计、制度安排、工作机制、测评体系等难以适应新形势下创建工作的发展要求，需要进一步修订完善、细化实化。部分地区、单位和部门在工作中不能有效处理好现实与发展的矛盾，部分规章制度、管理方式和手段未能与实际有效衔接，存在管理方式创新不足的问题。民族地区社会事务的管理存在一些消极不良的苗头性、倾向性问题，有些民族地区的干部以民族地区特殊为借口，对出现的问题不敢管、不愿管、不会管。

当然，民族地区有很多特殊情况，不同民族、不同地区之间还有许多差别，出现的问题也不尽相同。在判断、处理民族问题时，要正确区分两类不同性质的矛盾，正确对待和处理各族群众的合理诉求和特殊需求，把化解民族矛盾作为促进示范区建设的一个工作环节来抓紧抓好。正确发挥党委、政府维护促进民族团结方面的积极作用。

第五节　民族干部人才队伍与民族地区的发展需要不相适应

培养选拔少数民族干部是解决民族问题的关键，必须充分发挥少数民族干部不可替代的特殊作用。2014 年 4 月，习近平总书记在新疆调研时强调，要坚持把培养少数民族干部作为干部队伍建设的重中之

重来抓，按照“德才兼备、以德为先”的标准，坚持把坚定维护祖国统一，在大是大非问题上立场坚定、头脑清醒、行动坚决的优秀少数民族干部选拔到各级领导岗位上来。

少数民族干部大多生于斯、长于斯，熟悉当地民族地区的社会发展情况，对于当地的风土人情、民族文化具有深厚的民族感情。创建民族团结进步繁荣发展示范区必须充分发挥少数民族干部不可替代的特殊作用，加大少数民族党政人才、专业技术人才、企业经营管理人才、高技能人才和社会工作人才的培养、选拔和使用力度，实现民族干部、人才培养示范。同时，也应不断提高少数民族干部人才的政策水平、整体素质和工作能力；注重培养和选拔实行区域自治地区的当地民族干部和熟悉民族理论、民族政策、民族法规和民族知识水平的干部。

然而，由于各地的人才选拔、培养机制不同，加之部分地区领导的重视程度不够，导致少数民族干部总体数量不足，少数民族人才队伍在年龄层次、专业构成、地区及行业分布等方面存在结构不合理的问题，以及部分少数民族干部的政策水平、整体素质和工作能力有待提高等问题。

此外，由于许多民族地区交通落后、生活条件艰苦、经济社会发展严重滞后、基层少数民族干部开展工作难度大、基层组织经费少、干部待遇偏低等问题突出，不仅导致经济、金融、科技、管理等方面的人才奇缺，还导致现有人才干部流失严重，个别州（市）的公务员甚至出现负增长现象。针对当地民族干部培养、成长慢，本土人才不愿回来，外来人才引不进来的困境，建议从国家公职人员招考、晋升提拔、工资待遇等方面着手，采取一些特殊的政策和措施，加大人才干部队伍的建设力度，保障偏远贫困民族地区经济、社会发展和维稳工作有坚实的干部队伍支撑。

在贵州省民族地区不断卷入“城市化”进程的时代背景下，许多民族地区干部存在如下问题：

一、对城市民族工作的重要性认识不足

随着越来越多的少数民族群众从农村进入城市，从中小城市进入大城市，城市各有关部门的思想认识和准备都不足，城市民族工作在政策指导、工作措施上都比较滞后。有的地方、有的部门认为城市少数民族人口少，占比小，城市民族工作做不做都无关紧要；有的认为城市少数民族与其他市民的差异不大，因而忽视少数民族的特殊感情和特殊需求；有的则认为，贵州省是多民族贫困地区，要把主要精力放在农村，而城市民族工作是内地发达地区考虑的事情，还有的地方甚至连城市民族工作的概念都没有。因此，一些地方和部门对城市民族工作重视不够，遇到矛盾和问题，要么不敢管、不愿管、不会管，相互推诿；要么就处理问题方法简单，导致小事情酿成大问题。

二、宣传贯彻民族政策法规不到位

一方面，一些领导干部对党和国家的民族政策学习掌握不全面，工作中不注意民族政策、不考虑少数民族的特殊性。有的行政执法人员简单粗暴，侵犯少数民族的合法权益而引发事端；有的新闻出版人员不了解少数民族的风俗习惯和宗教信仰，以致伤害少数民族群众感情的事件时有发生。另一方面，认为在城市的少数民族已经与汉族没有什么区别，不应该再对少数民族有什么“照顾”和优惠政策。

三、少数民族群众适应城市生活和发展面临一系列困难

一是享有的社会保障水平低。二是文化心理不适应。进入城市的少数民族人员面对新环境，求生存、谋发展的精神压力和心理负担较重，面对城乡差别还存在一种失衡的心理，遇事往往容易浮躁。三是与其他城市居民交往存在困难。有的少数民族人员文化水平较低，有的少数民族人员语言交流存在障碍，使城市少数民族特别是其中的流动人口经常处于城市生活的边缘。四是部分少数民族人员法制观念淡薄，不了解城市管理的规章制度，动不动就打着“少数民族”的牌子，有意或无意间使自己成了城市的“特殊公民”，不仅违规现象突出，更严重的是因极少数人的行为造成了其他民族对该民族的反感和防范心理。

四、城市民族工作的机制和方法不适应

一是城市民族工作缺乏综合协调机制，存在部门职能交叉、责任不明的情况，遇到涉及少数民族的纠纷时便存在不敢管、不愿管、不会管的问题。二是由于职能的限制，民族工作部门在协调经济、医疗、就业、治安、教育等方面存在不少制约因素。

第六节　政策执行不力与督导力度不够

在推进示范区的建设进程中，必须消除各种形式的“中梗阻”，严防“末梢坏死”，坚决把中央和省里出台的政策不折不扣地落实下去。

在看到成绩的同时，我们也应该看到，一些地方在推动当地党委、政府出台实施意见的过程中，步履缓慢甚至艰难，迟迟未能通过当地党委、政府的审核，将本应尽快发挥更大作用的“文件”束之高阁。执行力欠缺的问题导致这一好政策在执行中打了折扣、走了样或者根本未执行，靠“上有政策、下有对策”来敷衍了事。这是对少数民族和民族地区经济、社会发展极度不负责任的表现，出现这一现象主要是由于：一是部分创建单位思想认识不到位。部分单位把本单位工作与创建民族团结进步繁荣发展示范区搞成“两张皮”。单位主要领导不关心、不过问，大多数的单位创建工作仍处于应付状态。二是资料收集难度大。基于许多机构人少事多的特点，各单位一直以来注重“干事”，忽视“痕迹”资料，给资料收集带来难度；同时创建资料欠缺完整性与规范性。另外，对照国家创建验收测评指标，验收涉及一类指标5项、二类指标15项、三类指标42项，资料收集时间跨度长，需要查补的资料太多，收集归档工作难度大、任务重。三是创建工作创新能力不足。谋划创建活动的系统性、前瞻性不强，创新活动理念、方式滞后，对活动创新载体的发掘、包装能力不够，收集各种创建活动要素的方式、方法亟待改进。四是人员短缺、经验不足。因机构编制的问题，各单位人员较少，承担的工作内容较多，实施扁平化管理后，要求各单位开展工作直接深入到基层一线，人少、事务多的矛盾更加突出，民族团结创建工作受到了一定影响。

督导检查是党委和政府运行管理的重要职能，是提高执行力的关键环节和重要途径。近年来，特别是党的十八大以来，随着中央和贵州省各项提高行政效能举措的实施，贵州省党政机关运行机制逐步完善，党委和政府执行力得到明显提升和加强。但是，由于体制、机制和文化等方面的原因，执行力建设仍然存在着一些亟待解决的问题：有的地方和部门存在着“庸散懒”、推诿扯皮等现象；有的不作为，有

令不行、有禁不止等。

第七节　部分地区创建工作存在思想误区

一、单纯的“少数民族发展论”

少数民族和民族地区发展不单纯指少数民族发展。“示范区”创建中所提出的“加快少数民族和民族地区发展”是指包括汉族在内的贵州省4600万各族群众的整体发展、共同提高，不是排除汉族和汉族地区在外的单纯的少数民族和民族地区的发展。贵州省各民族分布呈现大杂居、小聚居的地域分布特点，形成“你中有我、我中有你”的居住格局，单纯的某一民族集中居住的情况并不多。如果在“示范区”创建中以民族身份划线，只强调或只注重某一个民族的发展或一些民族的发展，而未兼顾或强调整个行政区域全体民族的发展；政策倾斜或照顾只是面向某一民族个体或某一民族，而未兼顾或强调对整个行政区域全体民族的倾斜或照顾，“那就会造成地区之间、民族之间的利益冲突，甚至思想冲突，继而有可能引发一些社会矛盾和民族问题”。[①] 因此，“经济支持要更多强调以自然环境艰苦、群众生活贫困等地域因素为标准，更多强调对贫困地区、对生活在那里的所有民族群众的支持，比如‘西部大开发’‘兴边富民计划’，而不是过分强调对特定民族的支持”。[②]

① 叶介甫. 正确认识和处理民族与发展的关系［N］. 中国民族报，2012-05-25（6）.
② 朱维群. 对当前民族领域问题的几点思考［N］. 学习时报，2012-02-13（A1）.

二、片面的“经济、社会发展论”

推进“示范区”创建不仅仅是加快少数民族和民族地区经济、社会发展的问题，而是包括民族经济发展、民生改善保障、民族文化繁荣、民族教育振兴、生态文明建设、民族干部培养、民族法制建设、民族理论研究、民族工作创新、民族关系和谐等方方面面的发展。在创建“示范区”的过程中，一定要纠正认为只要加快经济、社会的发展，团结、稳定的问题自然而然就可以解决了；只要把经济、社会发展问题解决了，民族地区存在的其他问题也就迎刃而解了的错误认识。这其实是夸大了发展的作用。不可否认，“发展是硬道理”“发展是第一要务”，但把“发展是硬道理”误解为“发展是万能钥匙”，把“发展是第一要务”误解为“发展能解决一切问题”则是严重的认识偏差。这种“唯GDP论”“唯发展论”的错误认识对“示范区”的创建极其有害。如果任由这种观念发展下去，单纯追求GDP的增长，只会带来灾难性的后果，“示范区”的创建也只能是纸上谈兵。在人与自然无法和谐共处，而仅有GDP的增长之地有何价值?！蓝天白云、青山绿水将不复存在，和谐幸福新贵州也只能是一句口号。贵州省有9个市（州）、88个县，加快这些地方的发展不能千篇一律，要根据自然环境的承载能力、土壤类型、劳动力构成等情况，形成不同的产业发展模式，或以农业为主，或以农产品加工为主，或以生物能源产业为主，或以生态旅游为主，不能强求一律。当前，要以创建“示范区”为契机，转变领导干部的经济发展观念，把注重“量”的增加上升到重视“质”的提升，下大力气遏制生态环境恶化势头，发展循环经济、生态经济，保护和节约利用土地资源，发展清洁能源和再生能源，加大污染治理力度，促进产业结构优化升级，转变经济社会发展的模式，

使“示范区”的创建进入可持续的发展道路。

三、盲目的“短视经济利益论”

创建“民族团结进步繁荣发展示范区”不是一蹴而就的事，不能毕其功于一役。创建“示范区”为全国民族团结进步和繁荣发展积累经验、提供示范，是一个长期的过程，需要我们深入贯彻落实科学发展观，紧紧抓住建设面向西南开放重要桥头堡的战略机遇，以共同发展促进民族团结，以民族繁荣促进民族稳定，凝心聚力促发展、开拓进取建小康。由于民族地区生产力水平低，自我发展能力弱；经济总量小，支柱产业少；基础设施建设起步晚、起点低；公共服务覆盖面窄等原因导致发展滞后，较发达地区的差距越来越大，民族地区在市场竞争中处于不利地位，日益趋向边缘化。在实行市场经济的今天，不同起点上的自由竞争以及资源禀赋不一，必然导致东西部地区差距越来越大，边远少数民族贫困地区的深度贫困问题也将日益凸显。穷则思变，越穷越急于想尽快改变现状，越穷越急于想尽快脱贫致富，这是当前的一个普遍现象。

但在“示范区”的创建过程中，我们要找到一条适合自己的道路和模式来加快发展，我们既要加快少数民族和民族地区的经济、社会发展，又要保住我们的秀美山川。不能为了眼前一时的经济利益，盲目追求 GDP 的增长，不惜浪费资源、污染环境，进行无序无度的开发，只要金山银山，不要青山绿水。这种发展虽然短期成效比较明显，容易出政绩，但不能从根本上消除影响和制约少数民族和民族地区发展的深层次原因，难以实现又好又快发展，更无法提升民族地区经济整体实力。推进“示范区”的创建，要本着“缺什么补什么，先输血再造血”的原则，加大对少数民族地区扶持力度和财政转移支付力度，取消以 GDP 作为唯一标准考核经济发展水平和领导干部政绩的片面评价机制，转变思想观念和经济发展方式，鼓励边远少数民族贫困地区充分利用自身的优势禀赋，不断增强自我发展能力，着力发展特色产业、支柱产业，缩小发展差距，提高群众收入水平，尽快脱贫致富。贵州省各民族自己觉得幸福才是幸福，不应用 GDP 的多少来衡量。

第八节　构建示范区建设的长效机制尚未形成

“示范区”的创建是一项长期任务、系统工程，是贵州省各民族干部群众的共同责任。为形成长效机制，一要进一步完善民族工作联席会议制度，听取工作汇报，研究部署任务，解决实际问题。二要进一步建立健全投入保障机制，按照统筹规划、分工负责、整合资源、协调配合、突出重点和突破关键的思路，以民族关系复杂或民族工作重点难点地区为突破口，加大“示范区”创建的资金投入，确保“示范区”的创建扎实推进。三要进一步完善民族团结和睦指数统计监测制度，将“是否发生重大民族纠纷事件”“开展民族政策‘四项教育’和‘六进’活动”“开展民族团结进步创建活动”的情况等纳入统计监测体系。四要进一步建立健全跟踪督查机制，就“示范区”的创建进展及成效进行评估，及时总结、推广实践中的好做法、好经验，形成全力推进“示范区”创建的强大合力。

在组织领导机制方面，要坚决贯彻落实中央各部委关于开展民族团结进步创建活动的指示以及贵州省关于推进创建民族团结进步繁荣发展示范区的实施意见，把民族团结进步繁荣发展事业当作本地区经

济、社会发展的重要内容；制定阶段性计划和长远规划，并确定专门机构和人员负责组织实施，把民族团结进步繁荣发展创建活动作为领导干部考核的重要内容。在协调配合机制方面，宣传部、统战部和民族工作部门要在当地党委、政府的领导下发挥职能作用；机关、企业、社区、乡镇、学校要建立健全以基层党组织为核心、广泛吸收各方参加创建工作的组织。在检查考核机制方面，要把民族团结进步繁荣发展示范区创建活动的开展情况列入各地区、各部门的检查考核内容。片区各地区、各部门要重视创建民族团结进步繁荣发展示范区的条件保障，做到“有人管事”“有钱做事”“有地方做事”。

然而，构建“示范区”的长效机制目前尚未形成。工作机制不完善，容易导致在统筹规划、分工负责、资源整合、协调配合、突出重点、突破关键等方面出现沟通不畅的问题，无法形成强大的合力，“没人管事”“没钱做事”“没地方办事”的现象时有发生。

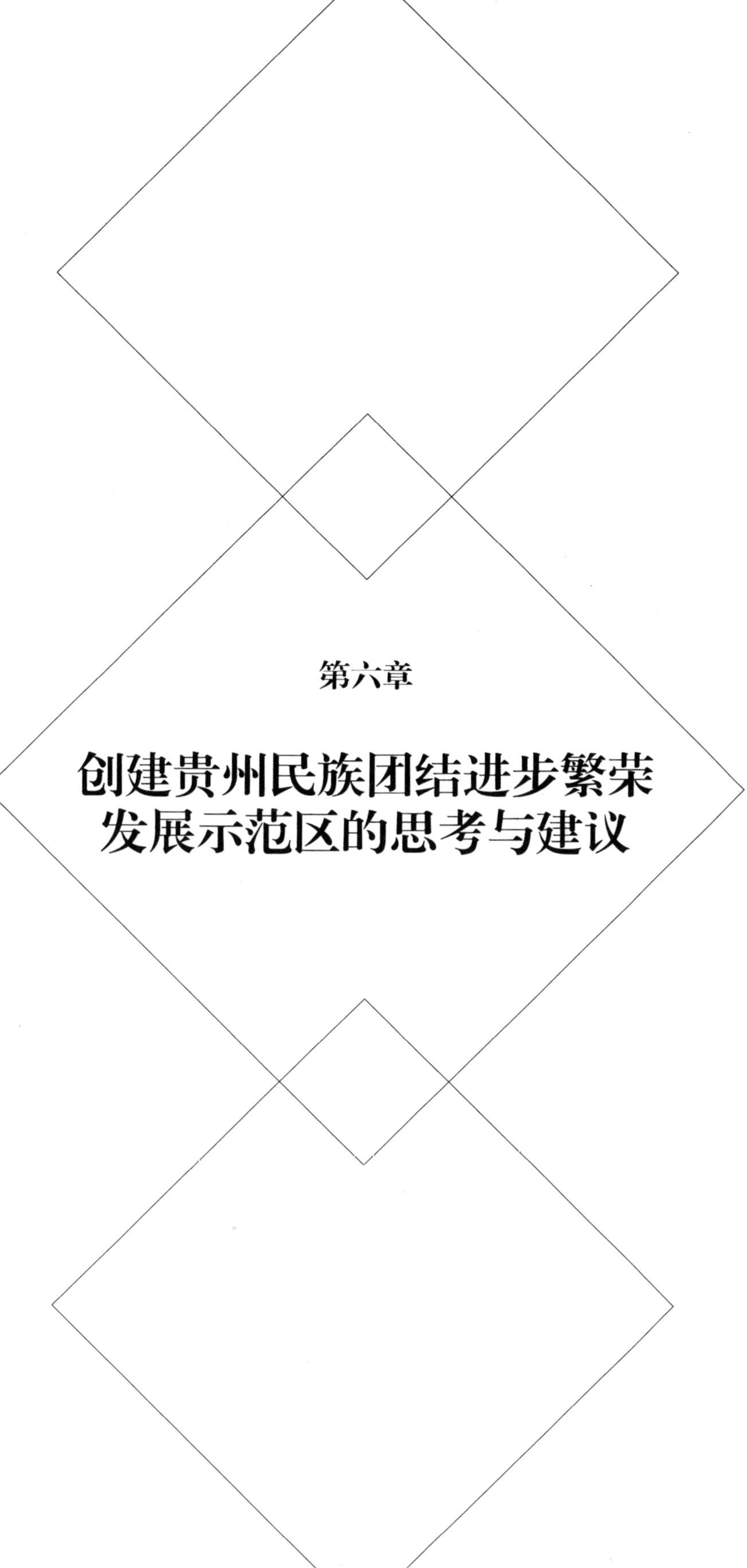

第六章

创建贵州民族团结进步繁荣发展示范区的思考与建议

党的十八大以来，贵州坚持以铸牢中华民族共同体意识为主线，聚焦各民族“共同团结奋斗、共同繁荣发展”主题，全面深入持久开展民族团结进步创建工作，不断夯实民族团结进步繁荣发展示范区基础，有力助推全省脱贫攻坚与乡村振兴战略衔接，促进全面实施乡村振兴战略。少数民族群众获得感明显增强，各民族相互了解、相互尊重、相互包容、相互欣赏、相互学习、相互帮助，“像石榴籽一样紧紧抱在一起”。但是，贵州省在创建民族团结进步繁荣发展示范区的过程中仍然面临很多困难，需要从加强制度供给、监督政策执行、改进城市民族工作等方面着手，将创建民族团结进步繁荣发展示范区与乡村振兴战略有机融合，进一步提高民族事务治理能力现代化水平。

第一节　贯彻执行创建民族团结进步繁荣发展示范区的相关政策法规

2012 年，国发〔2012〕2 号文件明确提出将贵州建设成为“民族团结进步繁荣发展示范区”，这是党中央、国务院赋予贵州的特殊使命。贵州省委、省政府高度重视民族工作，认真贯彻落实中共中央办公厅、国务院办公厅印发的《关于全面深入持久开展民族团结进步创建工作铸牢中华民族共同体意识的意见》，先后出台了《关于建设民族团结进步繁荣发展示范区的意见》《关于支持民族自治州脱贫攻坚同步小康的意见》《关于支持民族自治县和民族乡加快发展若干政策措施的意见》等，颁布了《贵州省促进民族团结进步条例》《贵州省艰苦边远和少数民族地区基层公务员考试录用工作的实施意见（试行）》《贵州省民族乡保护和发展条例》等，均是全国省级层面制定的首部地方性法规，完善了支持民族地区的差别化政策措施和法规体系，基本形成覆盖民族工作各方面较为完整、较为系统的政策体系，为民族团结进步事业提供了强有力的制度保障。

中央民族干部学院在一项民族乡发展专题调研中指出，地方政府虽然出台了一些关于民族乡的优惠政策，但条文内容过于笼统，没有具体量化要求，在实际贯彻执行中难度很大，许多民族乡干部抱怨：民族乡和非民族乡的区别主要在于“一个牌子”“一个印章”“一个乡长”和“几万元补助”。[①] 贵州省也存在类似的情况，相关民族优惠政策法规得不到有效执行，在很大程度上影响了贵州省创建民族团结进步繁荣发展示范区的成效。例如，2017 年《贵州省民族乡保护和发展条例》和《关于支持民族自治县和民族乡加快发展若干政策措施的意见》出台以后，为了让民族乡能够享受到相关的优惠照顾政策，贵州省第十三届人民代表大会代表兰定芬在 2019 年撰写了《关于高寨苗族布依族乡享受建制镇待遇的建议》（以下简称《建议》），并提交给贵州省十三届人大三次会议讨论：

高寨乡建筑风格独特，大多都是传统的榫卯结构木质建筑，是苗族文化的重要组成部分，现有木质结构房屋 5900 余栋。因村落的空心化和人口的老龄化现象日益严重，传统房屋缺乏管护，再加上传统民居木结构建筑易损坏的特征，使得传统民居建筑破坏较为严重。因作为少数民族乡镇，在政策及资金上受到一定的限制，导致在基础设施、

① 中央民族干部学院专题调研组. 关于民族乡科学发展的思考［J］. 中南民族大学学报（人文社会科学版），2012（4）：32-37.

文化传承、社会综合治理等方面同县内其他乡镇差距越来越大。如在前期申报棚户改造项目时，因高寨乡是民族乡，而不是建制镇，该项目未能通过审批。

按照《贵州省民族乡保护和发展条例》第三条：民族乡享受建制镇待遇的规定，为帮助少数民族乡争取到更多的政策和资金，使少数民族物质文化遗产得到保护和传承，非物质文化遗产得到更好延续，从而推动民族乡发展、促进民族文化传承和乡村旅游发展。因此建议省人大督促相关部门落实少数民族乡享受建制镇待遇的政策。

贵州省人大要求贵州省民族宗教事务委员会对兰定芬代表的《建议》进行回复：[①]

兰定芬代表：

您提出的《关于高寨苗族布依族乡享受建制镇待遇的建议》已收悉。感谢您对我省民族工作的关心和支持。现就建议提出的有关问题答复如下：

我省属于多民族聚居的省份，现有民族乡 193 个。2017 年 6 月 2 日，省十二届人大常委会第二十八次会议表决通过了《贵州省民族乡保护和发展条例》（以下简称《条例》），自 2017 年 8 月 1 日起施行。《条例》第三条第四款规定："民族乡享受建制镇待遇"。

2017 年 12 月 20 日，省人民政府出台了《关于支持民族自治县和民族乡加快发展若干政策措施的意见》（以下简称《意见》）。《意见》第九条规定："优先支持民族自治县建设一批民族特色鲜明的特色小城镇、民族乡建设一批民族特色村寨，每年安排一定资金支持民族特色村寨的保护与发展"。截至 2019 年底，我省"中国少数民族特色村寨"共 312 个（位居全国第 1），全省"省级少数民族特色村寨"共

① 贵州民族宗教事务委员会政府信息公开. 省民宗委关于省十三届人大三次会议第 491 号建议的答复［EB/OL］.（2020-06-30）. http://mzw.guizhou.gov.cn/zfxxgk/fdzdgknr/qtfdxx/jyta_5623259/202007/t20200716_61638529.html.

1008个。近三年来，我委共安排资金1184万元支持民族特色村寨的保护与发展。

《意见》第十条规定："认真落实《贵州省民族乡保护和发展条例》关于民族乡享受建制镇待遇的规定，确保民族乡在汽车客运站、街道、供排水、供电、供气、通信、污水和垃圾处理等公用设施项目建设上与建制镇享受同等待遇"。近年来，我委积极协调有关部门贯彻落实《意见》，确保民族乡在公用设施项目建设上与建制镇享受同等待遇。

《意见》第十一条规定："省、市（州）加大对民族自治县和民族乡财政转移支付力度。从2017年起，省财政通过民族地区转移支付安排每个民族自治县2000万元以上，并作为固定补助基数。对民族乡补助50万元，单独予以列示"。截至2019年底，省财政每年通过民族地区转移支付安排每个民族自治县2000万元以上，对民族乡补助50万元。根据有关规定，对民族自治县和民族乡的补助经费由省财政以整体划拨方式下划到县级财政，由县级财政统筹安排。高寨苗族布依族乡可以向开阳县财政部门提出民族乡补助经费使用申请。

下一步工作中，我委将积极配合省人大开展有关政策法规贯彻落实情况的执法检查，积极协调有关部门落实民族乡与建制镇享受同等待遇。同时，结合我委职能，在《贵州省"十四五"少数民族特色村镇保护发展规划》编制中对民族乡发展进行重点考虑，在民族发展资金和产业项目的安排上对民族乡予以积极支持，促进民族乡加快发展。

贵州省民族宗教事务委员会
2020年6月30日

贵州省人大也要求贵州省住房和城乡建设厅对兰定芬代表的《建

议》进行回复，其回复中指出：①

兰定芬代表：

您提出的《关于高寨苗族布依族乡享受建制镇待遇的建议》已收悉，感谢您对我省住房城乡建设工作的关心和支持。现就建议提出的有关问题答复如下：

2011年1月，国务院办公厅印发了《关于进一步做好房地产市场调控工作有关问题的通知》（国办发〔2011〕1号），在加大保障性安居工程建设力度中明确："有条件的地区，可以把建制镇纳入住房保障工作范围"。

2013年7月，贵州省人民政府印发的《关于进一步加强城镇保障性安居工程建设和管理工作的意见》（黔府办发〔2013〕39号）明确："结合全省100个示范小城镇和100个城市综合体建设，将棚户区改造拓展到非成片棚户区（危旧房）改造、'城中村'改造和城镇旧住宅区综合治理，并延伸至镇"。我省部分民族乡根据该政策，积极通过棚户区改造改善民族乡所在地居民的住房条件及相关的配套基础设施建设。截至2019年底，全省8个市（州）和贵安新区18个县（市、区、特区）54个少数民族乡累计实施棚户区改造86个项目3.9万户。

2019年9月，住房和城乡建设部会同国家发展改革委、财政部、农业农村部和国家林业局印发《关于申报2020年城镇棚户区改造公租房保障计划任务的通知》（建办保〔2019〕62号），明确了棚户区改造范围和标准的"六个严禁"要求。其中，严禁将棚户区政策覆盖到一般的建制镇。根据国家和省有关政策，民族乡享受建制镇待遇，但是，随着国家棚改政策的调整，除全国重点镇外，一般建制镇从2020年起均不得申报棚户区改造计划，相应的民族乡也没有了政策支持。

① 贵州省宗教事务委员会．省住房城乡建设厅关于省十三届人大三次会议第491号建议的答复［EB/OL］．（2020-07-17）．http：//zfcxjst.guizhou.gov.cn/zwgl/xxgkml/zdlygk/jyta/202007/t20200717_61649076.html.

我厅将在小城镇建设、小城镇环境综合整治、污水、垃圾、农村危房改造和传统村落政策上对民族乡给予大力支持。

贵州省住房和城乡建设厅
2020 年 6 月 24 日

鉴于相关优惠政策对于创建民族团结进步繁荣发展示范区具有巨大的促进作用，应积极贯彻落实相关的优惠政策。对于如何贯彻落实优惠政策，一个可行的办法是发挥各级人大及其常委会的监督执法作用。“通过权力机关监督行政、司法部门厉行法治和力行法治就成为建设法治国家、法治政府、法治社会的必要途径，成为推动国家治理体系和治理能力现代化的必然要求”。[①] 正如人大代表兰定芬的《建议》在提交贵州省十三届人大三次会议以后，就很快得到了贵州省民族宗教事务委员会及贵州省住房和城乡建设厅的积极回复，这在很大程度上推动了民族乡优惠政策的贯彻执行。

第二节　将铸牢中华民族共同体意识作为新时期民族工作主线

深入贯彻习近平总书记关于民族工作的重要论述和对贵州一系列工作的重要指示精神，坚持以铸牢中华民族共同体意识为民族工作的主线，以创建“全国民族团结进步示范市”为载体，深入开展形式多样的民族团结进步创建活动，促进各民族交往交流交融，不断增强各族干部群众的“五个认同”，构筑各民族共有精神家园。

① 张航．人大执法检查：演进、嬗变与回归［J］．人大研究，2019（7）：31-40.

一、抓实铸牢中华民族共同体意识主线

充分认识中华民族共同体意识是国家统一之基、民族团结之本、精神力量之魂。深刻认识中华民族是命运共同体，促进各民族交往交流交融。自觉站在党和国家工作的全局，从中华民族的根本利益出发来思考民族工作、处理民族事务，创建民族团结。把铸牢中华民族共同体意识贯穿于工作全过程，不断巩固各民族大团结，不断增进各民族成员对中华民族这一共有身份的认同。把强化各民族的中华民族共同体意识、厚植对中华民族的认同感作为一项根本性、战略性任务抓紧抓好。让中华民族这个大家庭更加团结和谐、更加密不可分，巩固和发展“中华民族一家亲、同心共筑中国梦”的良好局面。

始终坚持“做好民族工作关键在党、关键在人”的原则，不断加强改进对民族工作的领导，在坚持党的领导中增进政治认同，进一步夯实中华民族共同体的政治基础。加强党对民族工作的集中统一领导，把党的领导贯穿到做好民族工作、建设民族团结进步繁荣发展示范区的全过程，体现到加强民族团结、创建民族团结活动的各方面，确保中国共产党始终成为推进民族团结进步事业的中流砥柱，确保民族团结进步事业始终沿着正确的轨道向前推进。

聚焦全面小康和现代化，坚持“全面小康社会，一个民族都不能少”“没有民族地区的现代化，就没有全国的现代化”，加快少数民族和民族地区全面发展，进一步夯实中华民族共同体的物质基础。聚焦促进各民族交往交流交融，中华人民共和国成立以来特别是改革开放以来，各民族在社会生活中彼此联系的广度和深度前所未有，贵州省大散居、小聚居、交错杂居的民族人口分布格局不断深化，呈现出大流动、大融居的新特点。民族团结进步繁荣发展示范区建设要顺应这种新形势，进一步拓展各民族交往交流交融的广度和深度，把民族团结作为最大的群众工作来做，在凝聚人心上下功夫，促进各民族广泛交往、全面交流、深度交融。推动建立相互嵌入式的社会结构和社区环境，制定有利于构建互嵌式社会结构的政策举措和体制机制，完善少数民族流动人口服务管理体系，促进各民族和睦相处、和衷共济、和谐发展，进一步夯实中华民族共同体的社会基础。聚焦“五个认同”，引导各族群众不断增进对伟大祖国、中华民族、中华文化、中国共产党、中国特色社会主义的认同，切实增强听党话、感党恩、跟党走的政治自觉、思想自觉和行动自觉，形成各民族同呼吸、共命运、心连心的强大精神纽带，进一步夯实中华民族共同体的思想基础，促进各民族共建美好家园、共创美好未来。

二、建立和完善民族团结进步宣传教育体系

全面正确贯彻党的民族政策，坚持和完善民族区域自治制度，着力加强民族团结进步教育。将民族团结进步宣传教育纳入公民教育、道德教育和国民教育，紧紧围绕“共同团结奋斗、共同繁荣发展”的主题，深入开展“民族团结进步宣传月”活动，进一步推进民族团结进步创建活动由“六进”向“九进”拓展，要在全社会深入贯彻落实新时代党的民族理论和民族政策，深入开展爱国主义教育、中华民族共同体的教育。

要把爱国主义教育、铸牢中华民族共同体意识教育作为一项长期的重要任务，坚持不懈地抓紧抓好抓出成效。要有针对性地开展民族政策宣传教育，编写铸牢中华民族共同体意识的教材。

不断挖掘和大力弘扬各民族爱国主义传统和精神，加强中华民族共同体历史、中华民族多元一体格局的研究，引导各族群众把爱国情、

强国志、报国行自觉融入坚持和发展中国特色社会主义事业、实现中华民族伟大复兴的奋斗中。要将爱国主义教育、铸牢中华民族共同体意识教育纳入干部教育、国民教育、社会教育的全过程，构建课堂教育、社会实践、主题教育多位一体的教育平台，让中华民族共同体意识根植于人们的心灵深处。加强思想教育引导，用社会主义核心价值观凝聚共识，做到讲得清、道得明、听得进、全覆盖，引导各族干部群众牢固树立国家意识、公民意识、法治意识，使各族群众自觉以民族大义为念、以中华民族共同体为重，把国家的安全、荣誉和利益放在高于一切的位置，自觉维护民族团结、维护社会稳定、促进繁荣发展。

引导各族群众牢固树立自己是中华民族一员的意识，正确认识中华民族多元一体格局是各民族在历史演进中形成的，统一的多民族国家，是让各民族引以为豪的基本国情。在中华民族大家庭中各民族手足相亲、守望相助，共同开拓了祖国的疆域，共同发展了祖国的经济，共同创造了祖国的灿烂文化。中华民族与各民族的关系，是一个大家庭与家庭成员的关系；各民族之间的关系，是一个大家庭里不同成员间的关系。在中华民族大家庭中，各民族是骨肉兄弟，都是中华民族大家庭中不可或缺的重要一员。引导各族群众牢固树立正确的国家观、民族观、历史观、文化观，增强各族群众对伟大祖国、中华民族、中华文化、中国共产党、中国特色社会主义的认同。引导各族群众牢固树立汉族离不开少数民族、少数民族离不开汉族、各少数民族相互离不开的思想，构筑各民族共有的精神家园，为创建民族团结进步繁荣发展示范区奠定坚实的思想基础。

大力营造有利于民族团结的浓厚氛围，充分利用各种宣传阵地和载体将学习宣传教育贯穿创建工作的始终。结合群众精神文化需求，充分挖掘涵养民族团结的文化基因，编创一批讴歌民族团结、群众喜闻乐见的文艺节目。利用重要纪念日、民族传统节日、农闲季节，在文化广场、企业、军队、校园中开展丰富多彩、生动活泼的群众性创建活动。增强宣传教育的吸引力、感染力，把民族团结宣传教育融入到干部群众的生产生活和工作学习中，增进各民族的交流、沟通和团结。

改变单一的“大水漫灌”宣传方式，针对不同对象和受众的特点，实施“精准滴灌”工程，有的放矢，使宣传教育不留死角、不走过场。充分运用新技术、新媒体打造实体化宣传载体，深化民族团结进步宣传月、宣传周、宣传日活动。组织开展民族理论政策宣讲、民族团结典型事迹报告活动，举办图片展、成就展、知识竞赛、文艺表演活动。宣传教育应突出针对性、扩大覆盖面、增强实效性，促进活动深入持久。发展、壮大、铸牢中华民族共同体意识的网上舆论阵地，实施网上“互联网+民族团结”行动，把互联网空间建成促进民族团结进步、铸牢中华民族共同体意识的新平台。建立驻地媒体民族重大敏感新闻审查制度，健全网络舆情管控引导机制，加强网络涉民族因素舆情监测，建设好网络各民族共同家园。

三、建立民族团结进步创建工作常态化体系

实现民族团结进步创建工作常态化，进一步总结行之有效的做法和经验，并提升到制度层面加以固化，形成推进民族团结进步繁荣发展示范区建设的制度链条和长效机制，使民族团结创建活动真正成为落实民族政策，推进民族工作的有效抓手。

推进民族团结进步创建工作向纵深拓展，履行好守护民族团结生命线的政治责任，把民族团结创建工作纳入经济社会发展总体规划、纳入地方财政预算、纳入党政领导班子和领导干部政绩考核内容，使

民族团结进步理念和中华民族共同体意识真正体现在各部门各行业各领域的工作中，体现在各族干部群众生产生活中。推进创建工作向社区、乡村、学校、企业、连队等基层单位下沉，在资源分配、力量投入等方面给予倾斜，搭建更多群众便于、乐于参与的平台。坚持分级联创、分类推进，突出干部、青少年、知识分子、信教群众等群体，加大重点行业、窗口单位和新经济组织的创建力度。

广泛开展民族团结进步创建“九进”活动，深入推进民族团结进步创建进机关、进企业、进街道、进乡镇、进学校、进军营、进景区、进商业街区、进宗教活动场所，突出自身特点，抓住薄弱环节和突出问题，力求宣传经常化、教育主题化、活动多样化、效果最大化，不断提高民族团结进步创建工作的覆盖面和感召力。

开展富有特色的群众性交流活动，打造“一家亲、一条心”系列实践教育活动平台，开展“结对子”“手拉手”“心连心”等多层次多领域多样化的民族联谊活动，增进各民族间情感交流。依托社区网站、文化站、文化广场等，充分运用新技术、新媒体和传统媒体，制作民族团结进步宣传片、宣传画、宣传标语，讲好民族团结“一家亲、一条心”的故事，开辟更多各族群众交流、联谊、互动的渠道，推动民族团结进步创建实体化、大众化、人文化。

加强民族团结进步示范单位建设，推进示范村（社区）、示范乡镇（街道）、示范县（市、区）、示范单位（机关、企事业、学校）的创建。针对不同区域、不同单位、不同群体的共性特点和个性差异开展创建，建设特色鲜明的民族团结进步示范单位。强化民族团结进步示范单位试验田、示范地的作用，积极探索、勇于实践，创造更多可复制、可推广的经验，形成以点串线、以线连片、以片带面的示范创建格局，力争创建一批全省乃至全国的民族团结示范单位。

第三节　完善城市民族团结工作机制

统筹推进新型城镇化，完善新型城镇化格局，推动城乡基础设施互联互通、公共服务共建共享。推进建立相互嵌入式的社会结构和社区环境，搭建各民族沟通的文化桥梁，提高各族群众的获得感、幸福感和安全感。

一、推动民族互嵌型社区建设

2014 年 5 月 26 日，中共中央政治局召开会议研究进一步推进新疆社会稳定和长治久安的工作时，第一次提出推动建设“民族互嵌型社区”。2019 年 10 月 23 日，中共中央办公厅、国务院办公厅印发的《关于全面深入持久开展民族团结进步创建工作铸牢中华民族共同体意识的意见》强调，推进建立相互嵌入式的社会结构和社区环境，形成密不可分的共同体，铸牢中华民族共同体意识。民族互嵌型社区建设是新时期我国城市民族工作的重要内容，也是积极接纳少数民族流动人口融入城市的关键。①

营造共居共学共事共乐的社区环境，完善以乡镇、街道、社区、企事业单位、社会团体为依托的网格化管理服务模式，促进各民族在空间分布上相互嵌入，促进社区各民族成员在情感上相互包容。以城乡社区为平台，从居住生活、工作学习、文化娱乐等日常环节入手，

① 杨鹍飞. 准确把握民族互嵌型社区建设的基本特征［N］. 中国民族报，2015-07-24（005）.

积极营造各民族共居共学共事共乐的社会条件，逐步由空间嵌入拓展到经济、文化、社会和心理嵌入，形成密不可分的共同体。发挥社区各民族党员在相互了解、相互尊重、相互包容、相互欣赏、相互学习、相互帮助上的带头作用。做好少数民族流动人口服务管理工作，特别是易地扶贫搬迁社区，要全面加强国家通用语言文字教育，促进各民族广泛交往、全面交流、深度交融。要正确处理共同性与差异性的关系，鼓励各民族文化传承保护和创新交融，让城市更好地接纳少数民族群众，让少数民族群众更好地融入城市。

推进多民族互嵌型小区建设，以各民族共居共学共事共乐的“四共”为主题，实施“多民族互嵌型小区示范工程”，优化民族互嵌型社区公共服务供给。促进各民族群众积极融入社区生活，鼓励和引导各民族群众深入开展社会交往活动，实现各民族群众高水平交往交流交融。选择有条件的民族乡村和城市社区先行试点，不断总结提炼多民族互嵌型社区建设经验，构建科学合理的多民族互嵌型社区治理评价体系，促进多民族互嵌型小区建设取得成效。

二、搭建促进各民族交流交往交融平台

利用大数据平台，打通数据壁垒，实现信息互通、资源共享、工作联动，做到常抓常管常新。运用大数据分析各民族服务需求和管理工作中存在的困难和问题，着力提高服务管理的针对性、实效性和精准度。发挥网站覆盖面广、传播速度快的优势，依托政府门户网，更新和完善公众互动、办事服务、便民指南、通知公告等板块，推动网上访谈、在线交流等互动功能的建设，做好政策宣传和信息发布工作。充分发挥微博、微信等新媒体的传导带动作用，积极主动地宣传党的民族政策，及时发布社区民族工作的重点、动态，及时回应群众对涉

及民族工作的关心关切，及时收集听取群众对加强和改进民族工作的意见建议，进一步提升社区民族工作的能力和水平。

利用信息化服务平台和服务窗口，让社区各民族群众享受一站式服务、网上服务、“两微一端”服务、预约服务等，推动实现线下服务“只进一扇门、最多跑一次”，线上服务“一次登录、全网通办”，做到社情民意“零盲点”、矛盾纠纷“零激化”、社区服务“零距离”、关爱帮扶“零缺失”、就业创业“零障碍”，让社区各族群众得到更好的生产扶持、社会求助与人文关怀。

善于从各民族交往交流交融的历史和现实中，提炼、融合、树立和突出共享的中华文化符号和中华民族形象，增强各民族对中华文化的认同。大力普及国家通用语言，提高各民族群众使用国家通用语言的能力和水平。尊重少数民族保持或者改革自己风俗习惯的自由，坚持以社会主义核心价值观引领和促进各民族文化的传承与发展，提供文明现代的生活方式，引导和帮助各族群众追求现代文明生活，推进民族进步。强化全体公民日常行为，营造自觉遵法守法、尊重少数民族风俗习惯和宗教信仰、维护民族团结的社会氛围。

三、推动和完善公共文化服务体系建设

秉持新发展理念，通过共建共享、联合服务，形成优势互补、方式创新、凝聚合力的新格局，提升综合服务效能，推动公共文化服务融合发展。建立城乡一体化的区域公共文化服务供给机制，健全区域各族群众参与区域公共文化的机制，逐步缩小城乡公共文化服务差距，着力推进公共文化机构之间、区域性公共文化服务的融合发展。大力推动公共文化服务与旅游公共服务的融合发展，建设一批富有民族文化底蕴的旅游景区和村寨，打造一批文化特色鲜明的旅游休闲街区，

发展红色旅游，挖掘乡村农耕文化旅游。健全政府购买公共文化服务机制，建立由购买主体、社会公众、第三方共同参与的综合评价机制。

加强“公共精神”培育，提高各族群众的规则意识，增强公共理性自觉，培育各族群众参与公共生活的意识。推广运用政府和社会资本合作等模式，激发社会力量的参与活力，培育一批具有良好社会声誉、较强专业能力、致力于从事公共文化服务的社会组织。引导各族群众参与区域公共文化建设，鼓励各族群众参与区域公益文化组织与公益文化活动，培养各族群众为区域公益文化事业服务的优良品质。拓展各族群众参与公共生活的渠道，提升各族群众参与公共生活的能力。

创新网络化公共文化服务模式，加快建设网络评论体系和网络人才队伍，扩大中国特色民族理论创新成果和中华优秀文化精神产品在网上的传播，促进各民族文化交流互鉴。加强重点新闻网站、政务新媒体和民族语言网站建设，把互联网空间建成各族群众文化交流共享平台，促进民族团结进步。

第四节　巩固平等团结互助和谐的民族关系

和谐的民族关系是贵州省经济、社会发展的一大政治优势。这种良好民族关系局面的形成，是贵州省委、省政府长期以来高度重视民族工作，创造性地贯彻执行党的民族政策的结果。贵州省不仅要继承这种优良传统，还要在维护民族关系的同时提升这种优势。因此，在促进民族地区发展的过程中，一定要充分考虑到经济相对滞后的民族地区的发展；在保障和改善民生的过程中，一定要充分保障和改善少数民族和民族地区的民生；在弘扬社会主义先进文化的过程中，一定要充分吸收和借鉴少数民族的优秀传统文化。这些是贵州省建设民族团结进步繁荣发展示范区的核心要义。

一、弘扬和谐的民族关系

贵州省是一个多民族省份，也是自然资源丰富和生态环境多样的内陆省份。多民族聚居的贵州，有53个少数民族，其中，有17个世居少数民族，在这之中，又有14个世居少数民族单独或联合建立了民族乡，民族乡现有数量共计193个，在全国居首位，占全国1077个民族乡的近18%。① 改革开放以来，贵州省选拔和配备优秀民族干部到各级党委、政府任职，尊重和保护各少数民族使用本民族的语言文字的权利，尊重各少数民族的风俗习惯和生活方式，团结一切可以团结的力量。在这种氛围中，贵州各民族之间形成了和睦相处、互帮互助、谁也离不开谁的局面。② 多年以来的实践证明，要促进贵州民族关系朝着和谐的方向发展，最为可靠的办法还是结合本地实际，不断完善和落实党的民族政策。

在贵州省统计局公布的2015年1%人口抽样调查的主要数据报告中，全省常住人口为3529.50万人。同2010年第六次人口普查的3474.86万人相比，五年间共增加54.64万人，增长率为1.57%，年平均增长率为0.31%。全省常住人口中，汉族人口为2247.23万人，占63.67%；各少数民族人口为1282.27万人，占36.33%。同2010年第六次人口普查相比，汉族人口增长了0.57%，各少数民族人口增长了3.37%。③ 从贵州

---

① 杜再江，韦明芳．为了民族乡的繁荣发展——《贵州省民族乡保护和发展条例》出台前后［N］．贵州民族报，2017-06-27（A01）．

② 李波．改革开放以来贵州和谐民族关系构建的成就及其启示［J］．理论与当代，2013（35）：74-76．

③ 贵州省统计局人口处．2015年贵州省1%人口抽样调查主要数据公报［EB/OL］．（2016-04-28）．http：//www.gz.stats.gov.cn/tjsj_35719/tjgb_35730/tjgb_35732/201609/t20160929_1064862.html．

省的省情来看，贵州省少数民族人口所占总人口的比重大，人口增长速度快，具有分布面广、居住分散、多民族杂居、个别民族小聚居的分布特点。从民族关系来看，各民族之间的民族关系是比较好的。

"一般来说，当两个族群集团之间的通婚率达到10%以上，则可以说明他们之间的族群关系是比较好的。从这个角度来看，族际通婚是族群关系融洽和谐所带来的结果"。[①] 我们可以说族际通婚深刻地反映了族群关系的深层状况，这是因为族群之间的基本差异深植于人们的群体认同观念之中，从而使人们把周围的人群区分为"同族"和"异族"两类。而一个人只有对另一个人在感情和心理上都认为"可以接受"和感到十分亲近的时候，才可能考虑与其他族群的人员缔结婚姻的问题。两个族群成员之间的通婚愿望，是得到本族人群群体的支持还是反对，在某种意义上被视为体现两族关系总体水平的重要标志之一。在此意义上，根据1990年和2000年两次人口普查的数据，以贵州、广西、云南三个少数民族众多的省份的族群间通婚情况来说明贵州省各民族间的关系（见表6-1）。

表6-1 贵州、广西、云南三个少数民族众多的省份的族群间通婚情况

地区	单一族群户			两族群户		三族群或以上混合户		总户数	
	1990年（%）	2000年（%）	变化（%）	1990年（%）	2000年（%）	1990年（%）	2000年（%）	占比（%）	2000年
贵州	88.68	86.89	-1.79	11.02	12.70	0.30	0.41	100.00	9239409
广西	89.79	89.85	0.10	10.09	10.01	0.12	0.14	100.00	11309236
云南	91.60	90.06	-1.54	8.21	9.71	0.19	0.23	100.00	10853172

资料来源：马戎.民族社会学——社会学的族群关系研究［M］.北京：北京大学出版社，2004：437-452.

① 马戎.民族社会学——社会学的族群关系研究［M］.北京：北京大学出版社，2004：437-452.

从三个省份族群之间的通婚状况来看民族关系状况，可以发现贵州的民族关系在三个省份中是最好的。随着贵州省社会、经济的持续发展，各民族之间的族际通婚、贸易往来、经济交往越来越频繁，在文化、生活方面互相融合、影响，在民族关系中出现了你中有我、我中有你的局面。从总体来看，贵州民族关系状况良好，其民族关系的主流与当前全国民族关系中各民族之间平等、团结、互助、和谐的社会主义新型民族关系发展的总趋势是相一致的。但是，我们也应该注意到，在社会主义市场经济条件下，有诸多因素能够影响民族关系的发展。

在构建和谐民族关系和推动民族地区发展方面，建立完善的民族工作运行机制。为使新时期的民族工作能够适应和推动民族地区加快发展的需要和构建和谐民族关系的需要，贵州省民委建立和完善了民族工作运行机制，为充分发挥好民族工作部门的职能作用做出了积极的努力：一是全面开展了民族地区经济社会发展情况的监测。做出了民族地区经济社会发展统计工作全面覆盖的制度安排和在全省民族乡建立民族工作联络员的要求，举办了覆盖全省市州县的民委系统统计培训班，为民族工作部门充分发挥党委、政府的参谋助手作用奠定了基础。二是深入开展民族地区经济、社会发展状况的调研，贵州省民委确定了直接关系到少数民族和民族地区发展的六个调研专题。三是启动了民族关系状况的反馈，贵州省民委加强与相关部门、各民族学会和省外有关省区民族工作部门的沟通与联系，及时掌握和处置涉及民族领域的不稳定因素，努力维护全省的民族团结及和睦的民族关系。

二、在经济发展中处理好民族关系

马克思主义认为：“人们只有解决了生存需要，才能从事诸如政治、艺术、教育等活动”。因而，在构建社会主义和谐民族关系方面，只有

大力发展了民族经济，使得境内的各民族摆脱贫困的困扰，提高其生活水平，才能为平等、团结、互助、和谐的民族关系提供坚实的物质支撑。当前，贵州民族地区社会关系的不协调之处在于经济发展水平有较大的失衡，少数民族地区生产力的相对落后，是矛盾的主要方面。因此，处理好贵州民族地区的社会关系，要求我们必须抓住矛盾的主要方面，即坚持以经济建设为中心，千方百计地提高民族地区的社会生产力，使民族地区与其他地区实现协调发展，达到共同繁荣。① 在过去，由于贵州交通闭塞，信息交流不畅等诸多因素的制约，社会经济发展水平较低，特别是少数民族地区发展严重滞后，且存在着部分贫困程度较深的少数民族人口，社会的发展远远不能适应广大人民群众日益增长的物质文化需要，与全国和周边省份相比仍然有较大的差距，作为贵州社会关系重要组成部分的民族关系也受到了相应的影响。②

长期以来，在学术研究中，学者们常常认为民族问题的产生原因是源于民族之间历史、文化和宗教信仰的差异。这种观点很容易把民族问题泛化，民族问题并非是与少数民族有关的所有问题，而是那些能够影响到民族之间关系的问题才能称之为民族问题。在这些影响因素中，民族利益又在根本上影响着民族关系。所谓民族利益就是民族生存、发展的需要和权利，民族生存、发展的需要和权利是多方面的，因而民族利益的内容也是多方面的。③ 民族利益既然已经成为了民族生存、发展的需要和一项基本的权利，那么每个民族要生存和发展，就必须首先关注其民族利益。历史事实也表明，无论在什么时代，无论在什么社会，无论在什么样的环境中，也无论在什么样的条件下，各

① 杨红瑛. 贵州民族地区社会关系的发展与和谐社会的构建［J］. 贵州社会科学，2006（6）：65-67+79.

② 毕芳. 当前贵州民族关系中存在的主要问题及对策思考［J］. 西南边疆民族研究，2007（1）：339-351.

③ 罗树杰. 民族利益：民族问题产生的根本原因［J］. 黑龙江民族丛刊，2006（3）：23-29.

种各样的民族矛盾都直接或间接地与民族利益有关。民族之间所产生的利益矛盾，从根本上来说，就是由于社会资源的有限性，不能充分满足各民族在生存与发展过程中的需要而造成的。

目前在中国，各民族的根本利益是一致的，但在某些具体权益，特别是经济发展方面的利益，仍然存在一些矛盾和纠纷，最终会影响民族关系的和谐发展。民族利益与民族关系是研究和处理民族问题的两个基础性范畴，随着市场经济的发展和社会的转型，由利益引起的民族问题增多。现阶段，我国民族利益的特殊性在于，少数民族作为多元利益主体的一方，具有弱势性特点：一是资源占有和发展条件的弱势性。这主要表现在少数民族大多地处西部边疆地区，自然地理条件恶劣，远离国家政治中心、经济中心和沿海发达地区，交通不便，基础设施落后，工业化程度低，与中东部的发展差距大。[①] 二是随着西部大开发战略和乡村振兴战略的实施，脱贫攻坚取得全面胜利，贵州的社会经济快速发展，贵州的民族关系也发生了相应的变化，民族利益成为了影响民族关系的重要因素。妥善处理因经济发展过程中的利益冲突所导致的民族关系和民族团结问题，是构建社会主义和谐民族关系的需要。

民族之间因为各民族的利益关注点不同，在经济发展过程中处理不当，有时会产生民族矛盾，甚至可能演变为对抗性的矛盾。贵州的少数民族具有地域分布广、民族关系主体多元、宗教信仰多样、利益差距大等特征，这些因素的相互交织，使得影响民族关系健康发展的因素增加，矛盾更加复杂。随着西部大开发战略的推进，贵州兴建了诸多大型水、火电站，还有数量众多的高速公路，在这个过程中对少数民族地区人口的搬迁及迁入地选址安排不当，也会引发民族间的矛

---

① 雷振扬．民族利益与民族关系初探［J］．中南民族大学学报（人文社会科学版），2006（6）：5-10.

盾。[①] 如贵阳市花溪区某乡在解决11户苗族家庭搬迁时，没有注意到迁入地无法解决饮水问题，以及接受地原来生活的布依族与新迁入的苗族群众之间因为生活习俗、宗教信仰、生产方式等的差异，导致该11户苗族家庭回迁故土，也直接导致扶贫搬迁计划的失败。[②]

在西部大开发和贵州省的扶贫和乡村振兴工作进程中，我们需要搞明白的是“谁才是民族地区经济发展主体”这一问题。只有解决了这个问题，在民族地区经济发展过程中，才能促进民族发展，才能使贵州民族地区多样性的民族文化得到保护、传承和发展，并在全球性的文化发展中占有一席之地。要使发展真正成为少数民族和民族地区的发展，首先必须承认其文化的平等地位，以及他们有平等的发展权利，并落实这一发展权，而在落实发展权的过程中必须与他们的参与权联系起来。[③] 贵州民族分布的广泛性对民族利益结构形成的影响主要表现在产业发展的自然差异和自发的社会分工上。在少数民族地区经济发展过程中来协调民族利益和民族关系，最根本的就是当地居民与当地资源权益关系的界定。

贵州省生态多样、自然资源丰富，而少数民族分布的地区往往蕴藏着大量的自然资源。在贵州的经济发展过程中，自然资源的利用与开发是最为核心的内容，也是形成民族利益关系最为集中的领域。西部大开发中民族利益关系协调的主要内容，就是在对自然资源的保护、开发、利用过程中，怎样确认、体现、落实当地居民在资源开发中的权益，这直接影响到资源开发中的产权关系和权益结构的状态，也影

① 杨军，盘森，徐佳佳．贵州扶贫开发促进和谐民族关系建设政策措施［J］．改革与开放，2014（5）：42-43.

② 毕芳．当前贵州民族关系中存在的主要问题及对策思考［J］．西南边疆民族研究，2007（1）：339-351.

③ 钱宁．谁是西部发展的主体——论少数民族在西部发展中的地位与作用［J］．贵州民族学院学报（哲学社会科学版），2003（6）：92-97.

响到当地居民对资源保护与开发利用的态度。[①] 在利益补偿中，体现当地居民的利益主体地位，通过资源使用权益损失的补偿来贯彻当地居民对自然资源存在及开发的优先受惠权；在经济发展过程中，强调当地居民具有优先的受惠权对建设民族利益关系协调机制的重要性；均是因为区域经济发展在根本上是以当地居民的利益为出发点和归宿的。

只要民族还存在，民族利益就存在，民族利益就是民族生存、发展的需要和权利。地域与民族，是一切人类经济活动中两大基本的主客体因素，两种因素的融合构成了人类社会的经济过程。目前，民族地区实现民族利益存在着三个方面的问题：一是实现民族利益的能力有待提高，民族地区迫切需要加快经济、文化的发展，而发展愿望和发展能力却不相匹配；二是虽然民族地区的资源开发均不同程度地提高了当地居民的收入水平，但这种利益补偿没有形成一种稳定的机制；三是我国体现民族利益的法律体系不够完善，而一个基本完善、统一的法律制度对民族地区资源开发将起到主导作用。[②] 为保障民族地区的民族利益，使民族地区的发展不会因为民族利益问题而影响民族关系，从主观的因素来分析，就是要不断提高民族地区实现民族利益的能力。从客观的因素来分析，就是要求政府制定相应的法律措施，建立产权明晰的民族利益机制与法律保障体制。

第五节　推动各民族文化的传承保护和创新发展

民族利益的保障和实现对于构建和谐的社会主义民族关系具有重

① 王文长．西部大开发中民族利益关系协调机制的建设［J］．民族研究，2004（3）：34-39+107.

② 张冬梅．民族地区实现民族利益存在的问题与对策［J］．延边大学学报（社会科学版），2009，42（3）：81-84.

要作用，而民族利益不仅仅是经济方面的利益，还应该包括民族文化的传承与保护。随着各少数民族对民族利益的看重，且在民族文化多样性已经成为一种世界性共识的情况下，各少数民族更加看重自己的民族文化在工业化和城市化进程中能否有效传承。民族文化多样性的实现，既关乎到少数民族与汉族的关系，也关乎到少数民族与国家政府的关系。中央民族工作会议指出，"解决好民族问题，物质方面的问题要解决好，精神方面的问题也要解决好。要旗帜鲜明地反对各种错误思想观念，增强各族干部群众识别大是大非、抵御国内外敌对势力思想渗透的能力。加强中华民族大团结，长远和根本的是增强文化认同，建设各民族共有精神家园，积极培养中华民族共同体意识。弘扬和保护各民族传统文化，要去粗取精、推陈出新，努力实现创造性转化和创新性发展"。① 贵州作为一个多民族省份，理应重视民族文化的传承与保护工作，切实实现少数民族群体的文化发展权。

中国共产党自成立之日起，在将马克思主义民族理论与中国国情相结合的过程中，在努力探索具有中国特色的解决民族问题的正确道路中，高度重视少数民族的文化建设。在中国共产党各个时期的指示、宣言、决议等历史文献中，在几代中央领导人的报告、论著和讲话中，在党领导下的各级人民政府制定的法规文件中，都始终坚持民族平等，维护民族团结，实现各民族共同繁荣发展的立场。这些政策、文件中包含大量关于保护和发展少数民族文化的理论观点、方针政策和法律法规，并在实践中得到了贯彻和落实，取得了前所未有的成就，对于促进民族地区的社会和谐稳定和经济发展，满足各族人民的精神文化需求，巩固社会主义新型民族关系均起到了重要作用。② 但是，我们也

① 中央民族工作会议暨国务院第六次全国民族团结进步表彰大会在北京举行［N］. 人民日报，2014-09-30（001）.

② 刘源泉. 中国共产党少数民族文化政策研究［D］. 武汉：华中师范大学博士学位论文，2013.

应该清楚地认识到少数民族文化建设仍然存在一些亟待解决的问题，当前最为明显的是少数民族文化的开发与保护，少数民族文化在经济发展的过程中被客体化等问题。

一、民族文化的开发

发展是人类社会运行的必然条件，发展的最终目的是实现人类的全面进步。人类作为有文化的动物，文化体系内部的各个文化要素相互联系、不可分割。经济作为民族文化体系中的一个因素也不能游离于民族文化而独立存在，经济是“嵌合”于文化之中的。既然真正把人们维系在一起的是文化，而经济又是“嵌合”于文化之中，因此以人的全面发展为目标的发展，对任何一个民族来说，都不应该只是经济的发展，而应该是整个文化体系的发展，且是各文化要素的协调发展。①经济现象、经济制度和经济行为的存在依赖于文化价值观念的事实表明，任何脱离民族文化的纯粹经济考察都是不科学的，脱离了经济所依赖的民族文化，任何经济发展的目标都要失败。在经济与文化的关系中，最为理想的状态是文化为经济发展提供源泉和动力，经济的发展又反过来促进文化的传承和发展。因此，保护和传承民族文化，可以促进民族地区的发展，为贵州经济发展探索一条新的发展道路。

尽管贵州民族地区拥有丰富的自然资源和文化资源，却长期陷入“富饶的贫困”之中，多山的地理环境将各民族分隔在相对孤立的生活环境中，导致贵州民族地区多是贫困地区、边远地区和生态脆弱地区。丰富的民族文化应该成为一种“资本”，丰富的民族文化资源也应该成为促进民族地区发展的潜在资源，建设一批文化产业基地和具有区域

---

① 李富强．让文化成为资本——中国西部民族文化资本化运营研究［M］．北京：民族出版社，2004.

特色的文化产业群，把促进民族地区发展作为区域发展的重点，加快黔西南布依族苗族自治州、黔东南苗族侗族自治州、黔南布依族苗族自治州和其他民族自治地方的发展。在此背景下，民族地区依托丰富的民族文化资源，发展民族地区旅游业，解决少数民族贫困问题具有重要的现实意义。

民族文化与旅游发展之间也呈现出相互依存的关系，在民族文化展示的过程中可以加强民族认同感，提高民族身份及社会地位，民族文化特色也应保留。对于贵州这样的贫困地区而言，发展旅游业，特别是民族旅游业的首要目的应该是解决少数民族群体的贫困问题。受到历史因素与现实因素的影响，贵州的民族地区多是贫困地区，因而发展旅游业不仅涉及当地经济发展的问题，还涉及民族团结与社会稳定的问题。贵州民族地区的旅游业所扮演的角色，不仅是实现单一的经济发展，还要能对扶贫和脱贫工作有所助益，最后还要能促进民族地区和少数民族的发展。贵州民族地区旅游业的发展，对民族文化保护所具有的积极作用还在于，在经济发展的过程中积累的物质基础可以推动民族文化的保护，在旅游过程中也促进了不同民族之间的文化交流。同时，贵州民族地区依托生态环境与丰富的民族文化资源发展旅游业，通过不断加强民族文化的宣传力度，将民族文化向外展示，增进了不同地区和不同民族对贵州民族文化的了解。

虽然民族旅游业能够在很大程度上促进民族地区的经济发展，但我们应该警惕民族旅游业发展过程中对民族文化造成的一些消极影响，以及利益分配不均的情况。民族旅游业的发展对于民族文化的开发是一把双刃剑：积极方面是对文化的传承和对区域经济发展的促进作用；消极方面是民族旅游对民族文化原真性的侵蚀，对环境的毁坏和对经济的剥削。有学者指出，民族旅游的可持续发展面临着以下挑战：一是生态破坏严重，造成文物流失；二是民族人口构成发生变化，本土文化受到外来文化的冲击；三是民族文化资源产权主体模糊，利益分配不均；四是民族文化庸俗化，旅游产品同质化严重。[①] 在这几项挑战中，民族利益的分配将影响到民族关系的发展。在现实的民族文化资源开发过程中，作为文化持有者的少数民族群众的参与层次反而很低，文化的产权地位没有得到明确保障，文化资源开发所带来的收益大部分被开发商所攫取，导致开发商与文化持有者之间的矛盾尖锐化。

区域的资源环境差异和民族之间的社会文化差异，不仅使得不同民族之间的经济活动变得很不相同，也使得民族之间的收益变得不同。发展经济学中常常假设贫困源于经济上的落后，依靠经济的增长就能解决贫困问题。从这一角度出发，便很容易忽视不同的个体和不同的民族群体在经济增长的过程中获利多少和如何获利的问题。经济增长并非给不同的民族共同体带来同样的利益，而以地域平均值为基点、用以衡量特定地区经济发展水平和发展状况的指标体系，往往掩盖了不同民族之间细微的结构差别，抹杀了发展利益分布的非均衡性。[②] 如果我们以民族群体的利益为基点考虑问题，只要经济活动及其利益分配集中于某些机构、组织或某一个民族群体，那么我们就能看到区域经济发展与民族发展之间并不是一种因果关系，也并不意味着区域内的各民族群体能够普遍获得发展的利益。在民族旅游业发展的过程中，一个可能的情况是，居住于不同地段的群众获取的收益不同，旅游业的核心区居民可以凭借区位优势而获得可观的收入，而民族旅游区边缘的群众却无法靠旅游增加收入，这将导致同一民族群体内部不同成员之间的贫富差距加大。

由于民族地区的旅游业兼具经济产业与文化产业的性质，故在开发与经营中的权益分配决定着民族间的交往状态，权益均等有助于各

---

① 马骅．关于民族旅游可持续发展的思考［J］．中南民族大学学报（人文社会科学版），2017，37（6）：126-130.

② 陈庆德．论区域经济发展与民族发展［J］．开发研究，1999（1）：45-49.

民族间形成竞争与合作的良好民族关系，反之必然引发民族间的恶性竞争，影响民族地区的社会秩序。[①] 同时，在旅游业发展的过程中，不同民族所发挥的作用、获得的利益存在不同，这都将影响民族关系。造成发展民族旅游业诸多负面影响的原因有许多，既源于开发商追逐“经济利益最大化”的本性，又源于政府公共责任承担的不到位，还源于非政府组织的缺失。[②] 当开发商与文化持有者之间产生矛盾时，地方政府常常是站在开发商一方，这引发了地方群众对文化资源开发的抵触情绪。只有承认了作为文化持有者的当地居民是其文化资源的所有者，才能确立当地居民具有文化资源的产权主体地位。

二、民族文化的保护

在民族文化保护方面，贵州省民委与省文化厅、省文物局、省档案局等相关部门共同研究挖掘水书、布依文、彝文和锦屏文书等少数民族古籍，支持少数民族举办民族节庆习俗庆典活动，建设民族博物馆或陈列室；与省教育厅等合作开展了民族文化进校园工作；与有关高等院校和科研机构合作编辑出版了贵州世居少数民族迁徙史，以及贵州世居少数民族思想史、文化史、文学史等。只有将各民族优秀的文化挖掘、提炼并充分展现出来，才能增进各民族间相互了解、理解和欣赏；只有让以民族文化为载体的各项民族团结进步活动（如苗族“四月八”、布依族“六月六”等民族节日）、民族文艺表演、民族体育竞技等具有民族文化属性的活动得以开展，才能让民族团结思想在

① 杨旭．贵州民族地区旅游业影响下的民族发展研究［D］．北京：中央民族大学博士学位论文，2015.

② 刘丽君．民族旅游文化资源产权的利益分享［D］．北京：中央民族大学硕士学位论文，2010.

潜移默化中深入人心。[①] 若少数民族文化因缺乏保护而消亡，最终只会让民族团结进步失去精神内核而徒具形式。

民族文化的保护不只是将民族传统文化整理之后放入博物馆中展览，还应该将民族文化保护“活态化”，以民族文化的开发来促进民族文化的传承，最终实现民族文化的保护。但是，在民族文化的保护与开发中存在一个尖锐的问题，那就是要求资本的一般性和全球性屈从于民族文化的特殊性与地方性，如果这样，资本就不复称其为资本；但要求民族文化向一般性或普遍性层面提升，将导致民族文化的特殊性与地方性特征乃至自身的完全消失。[②] 这是一个最直观的问题，也是一个充满意义的问题。

民族文化的开发与保护一直是一个困扰政府和学术界的难题。如果不开发民族文化资源，不将民族文化资源“资本化”，那么少数民族群体无法凭借自身所特有的资源实现民族发展和改善民族当前的生活状况。如果过度对民族文化资源进行开发，又会损害民族文化的原真性，使民族文化客体化。再加上现在处于全球化时代，民族文化的特殊性在日渐衰弱，民族特色文化正在遭遇危机。“文化全球化既不是一种简单的重大承诺，也非一种简单的巨大威胁，而是一种文化层面上的多元化挑战：原先被认为是不成问题的传统如今陷于崩溃，信念、价值观和生活方式出现了多种选择。”[③] 贵州民族地区经济社会的基础薄弱，民族数量众多，少数民族人口数量相对较少，若民族特色文化保护效果不理想，将会给民族社会、经济发展带来重重挑战。另外，从贵州民族地区的实际情况来看，虽然民族地区经济有较快发展，但

① 伍泉穆．黔中地区创建民族团结进步繁荣发展示范区实践研究［D］．贵阳：贵州民族大学硕士学位论文，2015.

② 马翀炜，陈庆德．民族文化资本化［M］．北京：人民出版社，2004：3.

③ 塞缪尔·亨廷顿，彼得·伯杰．全球化的文化动力：当今世界的文化多样性［M］．康敬怡，等，译．北京：新华出版社，2004：9.

社会发展效果并不理想，经济的发展反而带来了价值观、生活方式、生存环境等的变化，直接影响到了民族特色文化的保护。基于已有的认识，我们认为，民族地区民族文化的保护应该保护其生态资源基础，尊重文化持有者的主体性地位，从少数民族聚居区域的传统组织和信仰体系入手。

自然生态资源是民族文化生存的根基。生态人类学的诸多研究成果已经指出，少数民族的生计方式、传统习俗和信仰体系的形成无不是基于特定的自然生态环境之上，生态环境的变迁将导致传统文化的衰落。山林、田园、江河、渔场等都是少数民族赖以为生的自然资源和文化遗产，也是民族传统文化的根基。但在当前，少数民族人口所聚居的山林、渔场、土地等自然资源大都被多个政府部门交叉管理，某些部门以发展经济、保护环境为由，挤压少数民族的自然资源和文化空间。自然生态环境的变迁常常导致少数民族人口生计方式的变迁、人口外流、生活空间压缩、组织瓦解、传统文化事项消失等。少数民族的年轻人往往是向往城市生活，优先选择进入城市工作，而逐渐把本民族的文化忘却。面对这种困境，主流社会往往不加反思，少数民族群体尊重自然生态环境的种种观念和行为被主流社会中的某些人视为“原始、落后”。

时代在发生变迁，社会文化在重构。随着城镇化进程的加快，相当一部分农民进入城市工作、生活，很多承载着优秀历史文化的村落正在走向消亡，其沉淀多年的文化也将消失。据 2012 年我国传统村落调查统计，2000 年中国自然村落总数为 363 万个，到了 2010 年，总数锐减为 271 万个，10 年锐减了近 90 万个。[①] 在消失的那些村落中又表现为边远地区少数民族聚居的村落最先消失，村落所承载的民族文化元素也在迅速消失。在此背景下，2009 年国家民委提出少数民族特

① 冯骥才. 传统村落的困境与出路 [N]. 贵州民族报，2014-02-18 (B01).

色村寨保护与发展项目并在全国试点。黔东南苗族侗族自治州民族村寨数量众多，100户以上自然寨多达1288个。民族特色村寨是传承民族优秀传统文化的有效载体，村村“民族文化园”、处处“天然博物馆”正是黔东南苗族侗族自治州苗乡侗寨的真实写照。2016年7月24日，在首届“中国民族文化旅游·黔东南峰会”（雷山西江）上，国家民委授予黔东南州“中国·黔东南民族文化旅游示范区”称号，这是对黔东南州民族文化传承保护、发展民族文化旅游工作的肯定。

在民族文化保护实践中，少数民族特色村寨建设被认为是一条可行的路径。因为少数民族群体聚居的村寨是联系过往和现代生活的桥梁，是少数民族文化的具体载体。要科学地保护和发展少数民族特色村寨，坚持传承民族文化，保护民族文化多样性的初衷，必须要对少数民族特色村寨建设内涵有深刻理解。其中，少数民族文化的保护与发展是核心，增加村民福利是落脚点，改善民生、发展产业、保护文化和民族团结是主要内容，经济、文化和生态协同发展是目标。[①] 经过多年的实践，建设少数民族特色村寨的成就在于，使得少数民族聚居的村庄附近的生态环境得到极大改善，村民的环保意识增强并树立了生态保护意识，少数民族群众对自己民族文化的认同感增强，文化传承意愿提升，文化生态意识正在形成和复苏。少数民族特色村寨的建设还建成了一批具有旅游观光功能和游客接待能力的村寨，在很大程度上推动了民族地区的旅游业发展。

但是，在当前的少数民族特色村寨建设中也同样面临诸多问题。特色村寨建设存在急于求成、急功近利，保护和发展的规划与方案不尽科学，部分地区部门协作不力，村民参与度不够，村寨经济发展缓

① 李杰，苏丹丹，李忠斌．少数民族特色村寨建设过程评价指标体系研究［J］．广西民族研究，2016（5）：23-31.

慢等问题。[①] 顶层设计存在“发展目标”“一村一品”及特色产业的指标与当前农村实际不符，“穿衣戴帽”浪费资源，文化保护与村民生活需求矛盾，旅游开发中民族文化同质化明显等问题。[②] 少数民族特色村寨建设的政策目标是传承少数民族文化，但政策实施后的结果却是不同民族的多元文化出现了明显的同质化趋势，这关键原因在于无论是政府部门还是普通老百姓，对特色村寨建设的路径设想都离不开一个“发展文化旅游”的模式。在相同的商业逻辑影响下，每个特色村寨都想打造民族文化品牌，但是这种打造的方案并不是根据当地的文化特色，而是根据游客的喜好来设定的。在市场机制的自动调节下，千篇一律的复制品始终会被淘汰出局，这些被“打造”出来的文化前景令人堪忧。[③]

少数民族特色村寨建设中还应该处理好主体民族和非主体民族之间的关系。少数民族特色村寨建设的主要目标是传承和保护世居民族的传统文化，虽然贵州省大多数少数民族特色村寨是以单一世居少数民族为主，但有的村寨并非单一民族，而是由多民族共同居住。在少数民族特色村寨建设过程中，有的在规划建设时强化了村寨内主体民族的地位与文化特色，弱化了村寨内其他民族的地位和文化特色，造成了其他民族村民的抱怨和不满；有的在建设少数民族特色村寨时混杂多个民族的文化元素，加速了民族文化的变迁。因此，在发展中应正确维护民族村寨和谐共生的多民族文化，构建平等、团结、互助、和谐的社会主义民族关系。[④] 在少数民族特色村寨的规划和建设过程中，当有多个民族共同居住在一个村寨中时，应重点思考的是如何将

① 段超．保护和发展少数民族特色村寨的思考［J］．中南民族大学学报（人文社会科学版），2011，31（5）：20-24.

②③ 龙晔生．少数民族特色村寨建设问题研究——以武陵山片区湘西南民族村寨为例［J］．民族论坛，2015（3）：68-72.

④ 李安辉，少数民族特色村寨保护与发展政策探析［J］．中南民族大学学报（人文社会科学版），2014，34（4）：42-45.

多民族的丰富文化合理地展示出来。

少数民族特色村寨法律法规体系的不完善也影响着少数民族特色村寨的建设成效。在当前的少数民族特色村寨建设中，主要依据的是国家民委办公厅、财政部办公厅下发的《关于做好少数民族特色村寨保护与发展试点工作的指导意见》及国家民委印发的《少数民族特色村寨保护与发展规划纲要（2011-2015年）》这两个文件。由于这两个文件属于国家民委、财政部的部门文件，并不具有普遍的法律约束效用，因此少数民族特色村寨的建设还需要进一步规范化和法律化。法律、法规的不健全将影响少数民族特色村寨政策的执行效果，将成为制约少数民族特色村寨保护与发展工作的瓶颈。少数民族特色村寨政策的规范化问题关系到民族特色村寨的永续发展，是执行民族特色村寨政策的关键问题，需要国家民委、财政部以及相关部门从首批特色村寨实践中总结经验与教训，上升到理论高度和法律层面，使民族特色村寨政策走向规范化。①

通过对少数民族特色村寨理论构建的必要性和紧迫性进行分析，可以看出对民族文化的资源整合、开发利用、保护传承是特色村寨建设的重点，这也是特色村寨建设的关键所在，有关特色村寨建设的所有工作都要紧紧围绕这一核心展开，服从或服务于这一中心。少数民族特色村寨的大开发在推动民族地区经济大发展的同时，顷刻间也成为了跨文化交流的前沿阵地，许多不合理的开发行为不仅对当地文化、环境等造成了许多负面影响，还使得民族文化的发展出现了不可持续的现象。② 因此，在当下的特色村寨建设中迫切需要针对性很强的理论来指导民族文化保护的具体实践，突出民族文化的核心地位，达到开

---

① 李安辉，少数民族特色村寨保护与发展政策探析［J］. 中南民族大学学报（人文社会科学版），2014，34（4）：42-45.

② 吕林珊．民族村寨旅游发展场域中的文化资本研究［D］. 贵阳：贵州民族大学硕士学位论文，2016.

发利用、保护传承民族文化之目的，实现民族文化的可持续发展。

在少数民族特色村寨建设中，最大现实困境是城镇化拉力和落后农村的推力，或者说城乡二元结构导致大量作为民族文化符号的村民外出务工，少数民族特色村寨中相当一部分文化传承的活载体离开了本土，他们身上所具有的文化符号在外移过程中将随之淡化，如何留住少数民族村民或吸引外出村民回乡安居乐业成了特色村寨建设的另一个要点。只有作为民族文化符号的村民的积极参与，使其从与生俱来的民族文化中获取各种利益，完成从利益“无关”到“相关”的转变，其态度才会从“被动”变为“主动”，才会把民族文化的传承变为自觉行为。① 总之，少数民族群众高度参与民族文化的保护与传承是特色村寨建设的根基和灵魂，这称之为特色村寨建设的“本”。少数民族特色村寨建设理论的核心是以民族文化为出发点，通过对文化内部机制的建立和营造良好的文化外部发展环境来实现民族文化的保护和传承。民族特色村寨的建设要以民族文化为主线，通过民族文化产权配置机制，在此基础上开发利用各种民族文化资源，发展各种民族文化产业。民族文化资源的开发和民族文化产业的发展要能够让民族文化的持有者成为经济开发的受益者。通过“参与—分享”的利益协调机制，保障民族文化持有者的利益，促进民族特色村寨和文化的可持续发展。民族文化只是特色村寨场域的一个要素，为了充分利用民族文化资源，促进民族文化的保护与传承，实现特色村寨的可持续发展，既要注重民族文化内部体制机制建设，又要注重与该要素相关的外部运行环境的建设。

创新民族特色村寨的发展模式，实现民族传统文化的保护与利用相互促进。少数民族传统文化具体到少数民族特色村寨之中，主要以

① 李忠斌，李军，文晓国．固本扩边：少数民族特色村寨建设的理论探讨［J］．民族研究，2016（1）：27-37+124.

非物质文化遗产和物质文化遗产的形式体现出来，但民族特色村寨是一个整体，需要重视整体保护模式的运用。因此，民族特色村寨的保护不仅要通过文物保护、非遗传承人认定、非遗保护等，更应该具有全局观，将村寨的整体规划，与村民的生产、生活方式联系起来；不仅要保护建筑、服饰、饮食等看得见的文化，也要注重传统技艺、民俗活动、禁忌与信仰等非物质文化的保护；不仅要发展特色村寨的经济建设、提高村民的物质生活条件，也要充分考虑和尊重村民的精神文化需求；不仅要让民族特色村寨的“特色”对外传播，更要注重民族“特色”的内部传承。① 民族特色村寨保护中需要坚持以保护为主，合理有序地进行开发，充分利用和发挥民族特色村寨的特色资源优势，促进民族特色村寨文化传承和经济协调发展。

第六节　以乡村振兴战略实施为契机促进少数民族地区发展

乡村振兴战略是习近平同志2017年10月18日在党的十九大报告中提出的。农业农村农民问题是关系国计民生的根本性问题，必须始终把解决好“三农”问题作为全党工作的重中之重。2018年3月5日，国务院总理李克强在作政府工作报告时指出，大力实施乡村振兴战略。因此，贵州在促进少数民族地区发展时，应以实施乡村振兴战略为契机，推进民族团结进步繁荣示范区建设，促进少数民族和民族地区高质量发展，不断巩固平等、团结、互助、和谐的民族关系，实

① 胡曼，周真刚．贵州民族特色村寨的可持续发展研究［J］．贵州民族研究，2017，38（11）：75-82.

现各民族共同团结进步、共同繁荣发展。

一、经济发展是乡村振兴战略的核心

农业农村农民问题是关系国计民生的根本性问题。没有农业农村的现代化，就没有国家的现代化。当前，发展不平衡不充分的问题在乡村最为突出，主要表现在农产品阶段性供过于求和供给不足并存，农业供给质量亟待提高；农民适应生产力发展和市场竞争的能力不足，新型职业农民队伍建设亟须加强；农村基础设施和民生领域欠账较多，农村环境和生态问题比较突出，乡村发展整体水平亟待提升；国家支农体系相对薄弱，农村金融改革任务繁重，城乡之间要素合理流动机制亟待健全；农村基层党建存在薄弱环节，乡村治理体系和治理能力亟待强化。[①] 实施乡村振兴战略，是解决人民日益增长的美好生活需要和不平衡不充分的发展之间的矛盾的必然要求，是实现“两个一百年”奋斗目标的必然要求，是实现各族人民共同富裕的必然要求。

在中国特色社会主义新时代，乡村是一个可以有大作为的广阔天地，迎来了难得的发展机遇。我们有党的领导的政治优势，有社会主义的制度优势，有亿万农民的创造精神，有强大的经济实力支撑，有历史悠久的农耕文明，有旺盛的市场需求，完全有条件有能力实施乡村振兴战略。我们必须立足国情省情农情，顺势而为，切实增强责任感使命感紧迫感，举全省全社会之力，以更大的决心、更明确的目标、更有力的举措，推动农业全面升级、农村全面进步、农民全面发展，谱写新时代乡村全面振兴新篇章。

在实施乡村振兴过程中，“坚持农业农村优先发展的原则，按照产

① 中共中央　国务院关于实施乡村振兴战略的意见［N］. 人民日报，2018-02-05(001).

业兴旺、生态宜居、乡风文明、治理有效、生活富裕的总要求，建立健全城乡融合发展体制机制和政策体系”①，统筹推进农村经济建设、政治建设、文化建设、社会建设、生态文明建设和党的建设，加快推进乡村治理体系和治理能力现代化，加快推进农业农村现代化，走中国特色社会主义乡村振兴道路，让农业成为有奔头的产业，让农民成为有吸引力的职业，让农村成为安居乐业的美丽家园。

产业兴旺是乡村振兴的基础，而产业扶贫是我国民族地区开展开发式扶贫的重要形式。贵州民族地区因地制宜培育和发展特色产业，是实现民族地区经济社会跨越发展，推动贫困人口和地区脱贫攻坚的根本出路，也是实现乡村振兴战略要求产业兴旺的必由之路。民族地区发展产业的最终目标，就是增强各族群众的自我发展能力，使他们获得稳定的生计来源。

二、将民族传统文化转化为乡村振兴战略的动力

在很大程度上，包括罗斯托在内的众多现代化理论学者对于文化价值观与经济发展的思考，无不是源自于社会学家韦伯的开创性研究。对于韦伯来说，宗教在常人眼中也许是一股保守势力，而在实践中却可以对社会变迁起到激励作用。这种旨在揭示思想伦理与日常行为之间关联性的观点，在韦伯所处的那个时代几乎是闻所未闻的。韦伯在《新教伦理与资本主义精神》一书中对价值观和产业资本主义社会发展之间的历史意义的探讨，对于此后几十年学术界研究现代化、经济发展与文化价值观之间的关系，具有极其深远的示范效应。② 在观察新教

① 习近平．决胜全面建成小康社会　夺取新时代中国特色社会主义伟大胜利——在中国共产党第十九次全国代表大会上的报告［EB/OL］．（2017-10-27），中国政府网，http：//www.gov.cn/zhuanti/2017-10/27/content_5234876.htm.

② 潘天舒．发展人类学概论［M］．上海：华东理工大学出版社，2002：69.

对于西方社会发展的作用的同时，韦伯也将目光进一步投向在不同文化语境中，宗教对于社会和经济生活的影响。韦伯的研究使得人们长期关注了文化价值观念和经济发展之间的复杂联系。

当前的乡村振兴离不开文化的支持，文化为乡村振兴提供了动力。实施乡村文化振兴行动，推动乡村文化繁荣兴盛无疑成为乡村振兴的题中要义，并贯穿于实现农业农村现代化的全过程。文化作为一种更基本、更深沉、更持久的力量，以其先导性和战略性为乡村振兴战略提供了精神激励、智慧支持和道德滋养。文化是一个国家、一个民族的灵魂。农村文化建设已成为当前乡村文化发展的主战场。推动乡村文化繁荣兴盛，直接关系到整个国家文化强国建设的进程和水平。因此，高度重视城乡之间、区域之间、人群之间的文化协调发展，丰富贫困地区、边远地区农村的精神生活，着力保障农民工、留守儿童、留守妇女、孤寡老人等特殊人群的文化权益显得尤为重要。[①] 开展乡村文化振兴行动，推动农业现代化，有利于夯实乡村振兴战略的基础。

文化是经济社会发展的内在动力，促进乡村的文化振兴，是促进乡村振兴战略实施的必要措施。游艺民俗是农村特色文化的重要构成部分，是民间文化娱乐活动的总称。将游艺民俗资源开发为公共文化产品，对于缓解当前贵州民族地区村寨文化建设的压力，全面提高贵州民族地区公共文化服务的水平和层次，满足贵州少数民族群众的文化需求，更好地保护当地传统文化，提升少数民族群众对村寨文化建设的认同感与参与意识，从根本上改变民族地区村寨文化生活面貌，从而探索出一条具有贵州特色的公共文化服务创新之路，有着重要的实践意义。[②]

---

① 刘彦武．以文化助推乡村振兴战略［N］．学习时报，2018-01-08（004）．

② 蒋星梅．乡村振兴战略背景下民族地区村寨游艺民俗资源开发的方向、原则与路径——以贵州黔东南苗侗聚居区为例［J］．贵州师范大学学报（社会科学版），2017（6）：60-67.

因此，当我们在看待和理解少数民族的传统文化与乡村振兴之间的关联性时，不能再将少数民族文化客体化。所谓少数民族文化的客体化是指，很多少数民族村寨在处理文化和经济发展之间的关系时，常常是“文化搭台，经济唱戏”，只重视那些能够带来经济利益的文化要素，认为那些不便于、不易于以及不能开发的隐性文化是落后的、过时的，并对这些文化有选择性地摒弃，其结果是加速了文化消亡；另外，对那些能够带来经济效益的文化元素又开发失当。① 少数民族文化在国家发展主义的视野里就好像一部机器，各种文化元素就是机器的零部件，为了让经济能够实现发展，可以在不同的时间和地点更换机器上的零部件。

文化也赋予乡村社会以秩序。尽管我们的社会是个法治社会，但是在乡村的日常生活中有太多的事情是无法律规定的。因此在乡村社会中，文化发挥了更重要的作用，比如，要养成尊老爱幼的风气就需要有尊老爱幼的文化氛围。在传统的乡村社会中，社会变化相对比较缓慢，老年人积累了丰富的知识可以教导青年人，因此老年人在社会中具有较高的地位。但是现代社会发展的速度越来越快，人们有很多渠道获取知识，受过现代教育的年轻人更容易利用这些渠道获取知识，而老年人在知识上的优势已经没有了，要维持年轻人对老年人的尊重，就需要文化的力量，在有文化的乡村中可以看到长幼有序，秩序井然，而文化的断裂经常会导致乡村的矛盾和冲突。

中国乡村振兴的目标之一是实现乡风文明，治理有效，就是要充分发挥文化在乡村振兴中的作用，通过文化建设，实现乡村的和谐、有序发展，因此乡村振兴需要文化先行。文化先行可以从物质层面做起，比如，编辑整理村庄历史、建立村庄博物馆、组织文化演出等。

① 李忠斌，李军，文晓国．固本扩边：少数民族特色村寨建设的理论探讨［J］．民族研究，2016（1）：27-37+124.

但是，在物质层面建设乡村文化只是手段，不是目的，乡村文化建设不能停留在物质文化建设上。有一些地方的乡村文化便是停留在物质建设上，精神文化建设没有跟上，物质文化也就很快消失了。要通过物质层面的文化建设，提高农民的自信，让其认识到乡村生活的美好，推动村民参与乡村事务。① 我们可以看到，社会主义核心价值观与乡村文化是相通的，通过政府推动和村民参与，在乡村建立起良好的社会风气，推动民族地区实现团结、进步、繁荣和发展。

三、推动民族地区农业绿色发展

以实施乡村振兴战略为契机，走“绿色”发展新路子。立足特色资源优势、环境承载能力、人口聚集程度和经济发展条件，科学划分农村经济发展片区，保护农业生产区域，统筹推进农业产业园、科技园、创业园等各类园区建设。持续推进农业投入品减量化、生产清洁化、废弃物资源化、产业模式生态化，不断提高农业可持续发展水平。实施农业绿色生产行动，建设健康稳定的田园生态系统。持续推进化肥农药减量增效，推广农作物病虫害绿色防控产品和技术。加强畜禽粪污资源化利用，全面加强农村面源污染防治。加强农产品质量和食品安全监管，发展绿色农产品、有机农产品和地理标志农产品。构建优势明显、集约高效的生产空间，将乡村生产活动融入区域性产业链和生产网络之中，实现农业生产的集约化、专业化。

四、推动民族地区现代产业深度融合

积极引进和培育农业龙头企业、农业合作社等主体，延伸农产品

① 王晓毅．乡村振兴，文化建设要先行［EB/OL］.（2017-11-26）. http：//www. xinhuanet. com/comments/2017-11/26/c_1122011210. htm.

加工产业链，发挥企业、科技园和农业园区等部门科研和示范带动作用，推动农产品初加工、精深加工产业发展，促进产业附加值增加。采用市场化运作管理方式，推进乡村特色产品、生态景观、历史文化等价值和功能融合，丰富特色产品和文旅产业内涵，形成民族乡村产业发展新的亮点和消费热点。

发挥“互联网+”的带动作用，推进民族乡村电子商务发展。在农业生产、加工、流通等环节，加强互联网技术的应用和推广，集中实现农产品商品化、品牌化和电商化。发挥“旅游+”带动作用，利用文物古迹、传统民族村落、文化技艺和非物质文化遗产等资源，推进休闲农业、科普体验、红色旅游、民俗风情等民族乡村旅游项目建设，促进传统乡村旅游业态升级。充分利用民族乡村土地、闲置宅基地、闲置农房等资源，结合乡村旅游产业发展，开发建设民族乡村民宿、康养基地，丰富乡村旅游服务业态。

第七节　推进民族事务治理能力现代化

坚持党对民族工作的领导，全面贯彻党的民族政策，坚持走中国特色解决民族问题的正确道路。加强民族领域意识形态的引导与管理，坚决打击各种渗透颠覆破坏活动、暴力恐怖活动、民族分裂活动、宗教极端活动，反对一切形式的民族歧视行为。提升民族事务管理服务能力，依法推进民族事务治理体系和治理能力现代化，既是推进国家治理体系和治理能力现代化的重要组成部分，也是全面深化改革在民族工作领域的要求，又是实现中华民族一家亲、同心共筑中国梦的关键环节。

一、提升民族工作法治化水平

坚持党对民族工作的领导，确保民族工作法治化的正确方向。坚持法律面前人人平等，坚持一视同仁、一断于法，依法妥善处理涉民族因素的案件，保证各族公民平等享有权利、平等履行义务，针对少数民族和民族地区乡村经济社会发展过程中存在的重点问题和突出困难，以法治形式予以合理规范和有效解决，确保民族事务治理在法治轨道上运行，推进民族工作领域治理体系和治理能力现代化，加强涉民族领域舆情工作。

广泛开展法制宣传教育，增强各族干部群众的法律意识；把领导干部带头学法、模范守法作为树立法治意识的关键，引导各族干部群众自觉学法、尊法、守法、用法，提高依法维权、依法解决民族矛盾纠纷的意识和能力；开展“民族法律知识进课堂”宣传活动，普及民族法律知识；根据不同对象分别开展宣传教育，围绕不同群体的实际需求，不断优化宣传教育方式和内容；加强民族乡村法制宣传教育，针对部分地区国家通用语言普及程度不高、教育水平相对落后的实际，着力推出各族群众便于理解、易于接受的普法产品，提升宣传教育效果；创新载体开展宣传教育，充分用好“互联网+法治宣传”，探索以案释法、网络竞答、微视频展播等方式，与传统媒体共同形成全方位、多层次的法治宣传矩阵，促法制宣传出实效。

切实把法律面前各民族公民一律平等的原则落到实处，凡是违法犯罪的，不论哪个民族、哪个地区、何种宗教信仰，都要依法惩处。坚持是什么问题就按什么问题来办，不以民族成分划线搞选择性执法，不能把涉及少数民族成员的民事和刑事问题简单归结于民族问题，不能把发生在民族乡村的一般社会矛盾纠纷简单归结为民族矛盾。要积极预防和妥善处置矛盾纠纷，将矛盾解决在萌芽状态，化解在基层。建立完善协调处置各类矛盾纠纷、维护民族团结和社会稳定的工作机制，各行政职能部门相互配合，统一协调，共同参与化解、处置矛盾纠纷，做好城市民族工作。

二、强化民族工作机构能力建设

全面深入持久开展马克思主义祖国观、民族观、文化观、历史观宣传教育，开展党的民族理论、政策学习宣传，开展民族团结进步创建，增进各族群众对伟大祖国、中华民族、中华文化、中国共产党、中国特色社会主义的认同。贯彻落实人民当家作主的制度体系，提升发展社会主义民主政治和建设民族团结进步模范区的能力水平；贯彻落实中国特色社会主义法治体系，提升全面依法治理的能力水平；健全培育和践行社会主义核心价值观的体制机制，构建繁荣发展民族文化的体制机制；完善覆盖城乡的公共文化服务体系，巩固各族人民团结奋斗的共同思想基础。

全面贯彻落实党的民族政策，牢牢抓住发展、民生、稳定三件大事，切实把思想和行动统一到中央关于民族工作的形势判断、重大方针和部署要求上。切实加强和改进党对民族工作的领导，以务实为民的良好作风把各族群众紧紧团结在党和政府的周围，不断增强做好民族工作的责任感、紧迫感和使命感。要紧密联系民族工作实际，更好地谋划和推进民族工作，用改善民生的实际成效凝聚民心民力；以依法治理促进民族团结和社会稳定，构筑各民族共有精神家园；高度重视和扎实做好城市民族工作，形成各族人民和睦相处、和衷共济、和谐发展的良好局面。

三、加强民族工作人才队伍建设

加快制定人才政策，大力培养民族地区各族干部。持续选派优秀年轻干部、大学生到民族地区工作，鼓励引导后备干部去基层一线，将优秀民族产业工人、农民吸收到基层干部队伍中。加大对民族干部教育培训力度，有计划地招收各族人民加入公务员队伍，将少数民族干部队伍建设工作纳入全省干部队伍和人才队伍建设的规划中。加大民族地区与先进发达地区、上级机关干部双向交流力度，加强少数民族干部挂职锻炼和多岗位锻炼，坚持选配少数民族干部，对录用少数民族干部采取政策倾斜。加强民族地区干部队伍思想政治建设工作，突出政治过硬、对党忠诚，强化党性锻炼。加强民族地区干部业务能力建设，加强民族地区干部的个人修养，提升民族地区干部队伍政治建设与治理能力，促其站稳政治立场，把准政治方向，提高政治能力。

培养乡村专业人才队伍，加大农业生产服务、农技推广应用、乡村手工业、医生教师、规划建设、文化旅游等重点领域实用专业人才的培育力度。建立“新乡贤”等乡村人才振兴机制，实行更加积极、开放、有效的人才政策。加大实施干部驻乡、市民下乡、民工返乡、能人回乡、企业兴乡“五乡工程”。推动大专院校、科研院所和农业产业化企业组成农业科技创新联盟，引导民族地区返乡农民工自主创业，加大在民族地区开展各类种养殖实用技术的培训力度。

后 记

贵州是一个多民族的省份，同时又是一个贫困问题比较突出的欠发达省份。自2012年国发2号文件《关于进一步促进贵州经济社会又好又快发展的若干意见》（国发〔2012〕2号）出台以来，贵州的民族团结进步示范区创建成绩显著。为探索新形势下贵州省创建民族团结进步繁荣发展示范区的有效做法和成功经验，巩固和发展示范区创建成果，及时发现和解决已经出现和可能出现的问题，由贵州省社会科学院民族研究所所长、研究员罗剑主持，成立贵州省社会科学院、贵州财经大学、中共贵州省委党校等有关专家参与的课题组，围绕贵州民族团结进步繁荣发展示范区的创建开展研究。

研究成果《创建贵州民族团结进步繁荣发展示范区研究》作为“贵州省学习贯彻习近平总书记系列重要讲话精神”系列丛书之一进行出版。这一研究成果是在贵州省委宣传部的指导下和贵州省社会科学院领导的关心下，课题组牢牢把握各民族共同团结奋斗、共同繁荣发展的主题，紧密围绕贵州近几年来开展的民族团结进步繁荣发展示范区创建活动，历时两年时间进行调研和总结而形成的集体智慧结晶。全书共分七个部分，内容涵盖了贵州民族团结进步繁荣发展示范区创建的背景意义、创建的方法、取得的成效、经验与启示、存在的问题和解决对策等几个方面。具体分工：绪论撰写、统稿由贵州省社会科学院民族研究所所长、研究员罗剑负责；第一章由贵州省社科院民族研究所助理研究员才海峰撰写；第二章由贵州省社科院民族研究所助理研究员才海峰和《贵州社会科学》编辑部博士曾亮联合撰写；第三章由贵州省社科院农村发展研究所副研究员、博士邓小海和《贵州社会科学》编辑部博士曾亮联合撰写；第四章由中共贵州省委党校副教授、博士王燕撰写；第五章由贵州财经大学副教授、博士符广兴撰写；第六章由贵州财经大学副教授、博士李文钢撰写。

本书在编写过程中还得到了贵州省民族宗教事务委员会、贵州省扶贫办以及黔南州、黔西南州、黔东南州、铜仁市、毕节市等市州民宗局的支持和帮助，在此表示衷心的感谢。

由于时间和水平的限制，本书难免存在不足和疏漏。敬请读者批评指正。

罗剑